仮想通貨（暗号資産）というと、「怪しい」とか、「投資の一種でしょ」と考える人も中にはいるかもしれませんが、今回のお話は、「仮想通貨を買って儲けましょう」という類の話ではありません。

前述の親子の会話を、落ち着いて読んでいただければわかります。

私の息子は、「自分のコインを仮想通貨で作った」と言っています。

仮想通貨を「買った」のではなく、「作った」ということです。

詳しい内容につきましては、本書の中でお伝えしていきますが、私の息子は小さな頃からプログラミングを学び、パソコンを得意としています。

私たちの時代では考えられなかったことを、今の世代の子供たちは簡単にこなし、大人顔負けのことをやってのけます。

普通に考えれば、子供がお金を稼いだり、ビジネスを行うというのは、想像がつかない人も多いと思いますが、実際に、私の息子は夏休みを使って、お金を稼ぐことに成功しました。

このように言うと、「夏休み？　子供？」と色々と疑問に思う方も多いかもしれませんが、**息子（レム）は、12歳です。**

現在、カナダに住んでおり、小学校を卒業したばかりです。秋より（2022年9月）ハイスクールに入学が決まっていて、それまでの間は、日本に一時帰国し、ゆっくりと家族の時間を過ごすつもりでした。

息子の何気ない一言を聞くまでは……。

本書でお伝えする物語は、実際に起きた出来事をベースに、順を追って解説しています。そのため、一般常識とはかけ離れた内容が部分的に出てくるかもしれませんが、その違和感を非常識と捉えず、新たな視点であったり、目から鱗《うろこ》と捉えることができれば、308万円の売り上げの裏側に隠された真相にたどり着きます。そして、我々が手にした成果と同じような未来を親子で手にする可能性を秘めています。

お伝えする内容は、単なる儲け話であったり、親子の夏休み日記というものではありません。

夏休みという限られた期間を通して、ビジネスを設計し、企画を立て、実際にお金に変

えていった内容です。

そのため、ビジネスを通じて親子関係を良好にしていきたいとか、子供と一緒に何かを作っていきたいと考えている方は、必見です。これまでの親子関係を見直すきっかけになるかもしれません。

現に、私たち家族は、今回の出来事を通じて、より強い絆を作ることができましたし、心の距離を一気に縮めることができました。

つまり、今回売り上げた金額以上の思い出と繋がり、そして刺激を手に入れることができたのです。

なんと言っても、息子の将来に大きな可能性を与えるギフトをプレゼントしてあげることができたと思っています。

このことは、ひとりの親としてこの上ない喜びです。自分自身がこれまで培ってきた経験（リソース）を次代に繋ぐことができたので、ビジネスを始めてよかったと改めて再認識しています。

ビジネスというと、お金だけと誤解する方も多いかもしれませんが、今回のように**自ら**

が経験したことを子供に共有することで、描ける未来は大きく変わります。

12歳の子供が、どのようなステップでビジネスを進め、キャッシュを生み出していったのか？

通常、このような話は表に出ることはありませんが、将来、息子が大きくなった時の記録として残しておいてあげたいという想いと、次世代の子供たちが人生を歩む際の道標（指標）になればと考え、書籍として発行することを決めました。

早速、その扉を開けていきたいと思います。

令和5年6月

船ヶ山　哲

夏休みの1週間で308万円稼いだ小学生 ビジネスマインドの育て方 ● もくじ

ステップ1

遊びの中から「お金の源泉」を見つける

ステップ2

子供を起業家に育てるためのマインドセット

ステップ3

現場を体感させて、イメージを育てる

ステップ4

商品を実際に作り、ビジネスの流れを体感する

ステップ5

全過程をオープンにし、販売者の意識を高める

ステップ6

役割を与えると、能力が開花する

ステップ7

売り上げの使い道を一緒に考える

ステップ 1

遊びの中から「お金の源泉」を見つける

これからの時代は、プログラミング×英語

時代は、日進月歩、進化しています。

今ではパソコンやスマホを使うのは当たり前となり、3歳にも満たない子供が親のお下がりのスマホやパソコンで遊んでいます。

小学生になるとスマホは必須アイテムとなり、携帯を持たない子供を探すほうが難しい時代に突入しています。

この数十年で時代は大きく変化し、私たちの習慣を大きく変えました。


そうなれば、提供されるサービスも姿が変わります。

工業製品の代表格とも言われた自動車も**モノからアプリへ**姿を変え、工業で機械を組み立てるだけのものから、パソコンで制御し稼働するものに大きく方針を変え始めています。

結果、大規模な工場を持たずとも製品を作ることができるため、大企業でなくても自動車

産業に乗り出すことが可能となりました。

もはや自動車は、「動くパソコン」といったところです。

最近の自動車は、インターネットに常時接続されているため、アップデートもクラウド経由で簡単に行われます。

それ以外にも、身の回りにある電化製品は、ほぼすべてアプリで起動し、デジタルで管理されています。

このような視点で考えると、これからの時代は、モノづくりであっても、アプリないしデジタル化は必須要件になっていることがわかります。


時代の変化と流れがわかれば、今後、子供たちに何を学ばせ、何を習得させるべきかが見えてきます。

それは、インターネットやアプリを制御している**プログラミング**です。

プログラミングを知らない人のために簡単に説明すると、「プログラミングとは、人間の細胞のようなもの」です。

人間の細胞と少し違うのは、英数を組み合わせることで、様々なものをゼロから構築す

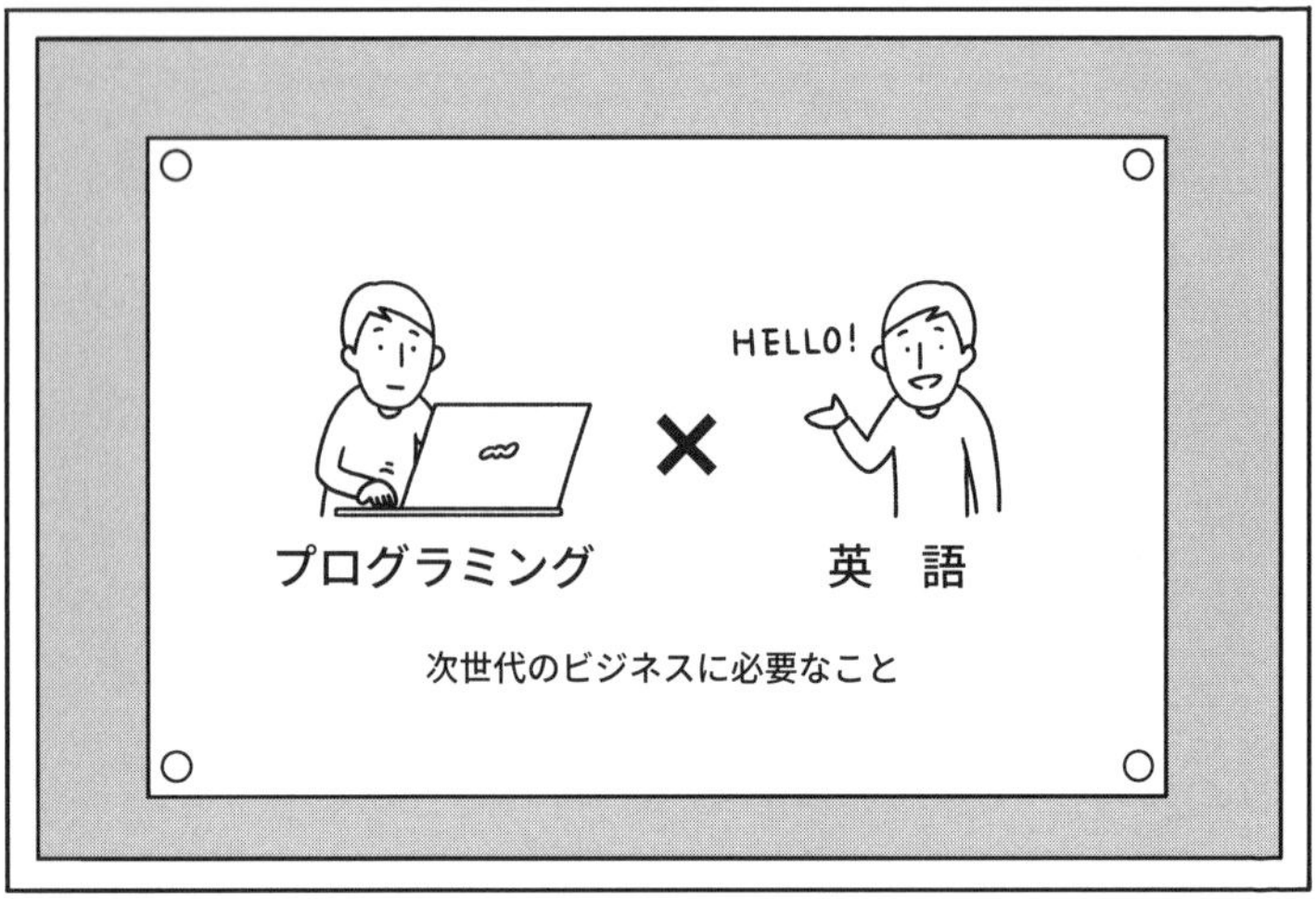

ることができる点です。パソコンひとつで世界を変えることも可能だということです。

端末に入れれば、デジタル商品として起動させることもできますし、専用機器の中に入れれば、独自のコアシステムを構築することもできます。

今や私たちの生活の根底は、プログラミングで成り立っているといっても過言ではありません。

とはいえ、プログラミングは原材料ではないので、プログラミングを使いプラスティックやゴムを製造することはできませんが、加工製品を動かす際には欠かせません。

この観点で見た場合、未来の発展性は、プ

ログラミングにあると言えます。

このことに気づいた我が家では、息子が小さな頃から近所にあるロボット教室に通わせ、遊びを通じてプログラミングに触れさせました。

プログラミングを学ぶ際、導入の仕方を間違えてしまうと、子供がアレルギーを持つと考えたからです。

それを避けるためには、子供にとっての楽しさを入り口にする必要がありました。

幸い息子は、レゴを使い何かを作るということが好きだったので、その延長線でロボット教室に通わせることを思いついたのです。実際に通わせてわかったことは、今のプログラミングは昔と違って、ビジュアル化されていたということです。

具体的には、小さな子供がクリックひとつで箱を動かし組み合わせることで、プログラミングを完成させることができます。これなら、小さな子供でも、抵抗を感じることなく遊びの延長で習得することが可能となります。

さらに、ロボット教室のいいところは、プログラミングして終わりではなく、そこで書いたデーターを元に、ロボットを動かすことにあります。プログラミングで動作を作り、ブロックで物理空間を設計する。最後に、再生ボタンをクリックすれば、機動を実行し、自分の作った世界が動き始めるのです。

まさに、子供にとって夢の世界です。

我が家では、このようにしてプログラミングという難しい壁を突破しました。


数ヶ月が経ったある日、驚くべき光景を目にしました。

息子がなんと、プログラミングを打ち込んでいたのです。

はじめは理解できませんでした。

我が子が、得体の知れない英数字を黒い画面に向かって打ち込んでいたからです。

正直、驚きました。

これまでプログラミングはビジュアルで学んでいたので、まさか打ち込みでプログラミングができるとは、想像もしなかったからです。

不思議に思った私は、息子レムに聞きました。


「なんでプログラミング書けるの?」

「だってプログラミングって、英語でしょ」

頭を大きなハンマーで叩かれた気分です。

レムは3歳半の頃から海外に住み、英語を第一言語にしています。親子の会話は日本語ですが、レムにとっては、何をするにも英語が基準になっています。その観点で見た場合、レムにとっては、プログラミングは特殊な言語ではなく、英語の一種として捉えていたのです。それほど、英語とプログラミングは密接な関係にあり、手を繋ぐ仲良しだったということです。

このことに気がつけば、ビジュアル化されたボックスを使いプログラミングするより、文字でタイピングしたほうが早いと考えるのは当然です。

我々、日本人が日本語をタイプし、メールを送る感覚と同じです。わざわざボックスで文字を組み合わせ文章を作る人はいません。

言われてみれば当たり前なことですが、実際に目の当たりにすると声が出ませんでした。なんせ当時、息子のレムは、10歳に満たなかったからです。

子供の没頭を止めない！ゲーム（パソコン）も矛先を変えればお金になる

「ゲームをやめなさい」と怒る親は多いようですが、我が家では、容認しています。

だからといって、すべてのものを認めているわけではありません。

「没頭しているものに限り」という条件付けをしています。

子供が没頭している状態を止めてしまうと、超集中力を育てることができません。

何をしても注意散漫となり、集中できない子供を作ることになるからです。

これは、お金を稼ぐ上で、非常に大きな損失です。

ビジネスは、何時から何時まで働けば、お金が舞い込むということではないのです。

起業家になると特に、働く時間とは関係なく、**「今、やるからこそ、お金になる」**という場面が出てきます。

それをゲームは、没頭という形で教えてくれています。

「定時が来たから、そろそろやめなさい」と言うのは、子供のやる気を削ぐことになります。

それに、自分ごとに置き換えればわかると思いますが、「今いいところなんだ。手が離せない」という場面で邪魔されるとイラッときますし、無理に止められると攻撃的になります。

それを反抗期というのは、親の身勝手な行動が見出した結果にすぎません。

子供だから反抗期と考えるのは、安易な考えです。子供であれ、いい場面というものは存在します。

その場面（タイミング）を止められたらキレるのは当然です。

子供の将来を考えているというなら、ゲームを止めさせる前に、子供の状態（没頭か否か）を見て判断してみてはいかがでしょうか。

今や、ゲームも仕事もパソコンの中で行われています。取り組む内容が違うだけで、傍目から見たら同じです。

大人は（仕事だから）良くて、子供は（ゲームだから）ダメというのは、勝手な思い込みです。

会社のパソコンを使ってゲームするサラリーマンもいますし、自宅のパソコンを使って宿題をする子供もいます。

パソコンは、何かを処理するための道具にすぎません。

こういった当たり前のことがわからない人は、本を読んだり、ノートに文字を書いていれば、勉強していると解釈しますが、それは古い考えです。

今や本もパソコンやタブレットで見る時代ですし、ノートを持ち歩く人は年々減ってきています。

手元にあるスマホが、これらすべてを解決してくれています。

パソコンやスマホだからという理由で子供のやる気を奪うのは、ナンセンスです。

大事なのは、パソコンやスマホを使って、何をさせるかです。その根底部分を見過ごすと、本筋を見失います。

「パソコンやスマホを見すぎると目が悪くなる」と言う人がいますが、それなら本も同じです。本とパソコンやスマホの違いは、紙媒体かデジタル媒体かにすぎません。

その本質を見失い「本は良くて、スマホはダメ」と考えるなら、子供を叱る前に、まずは親でもある自分がスマホを手放すことです。

子供は親の背中を真似します。 親が本を読むなら子供も本を読み、親がスマホを見るなら子供もスマホを見ます。

「スマホ使用は一歩譲るとしても、ゲームはダメだ」という人も出てくると思いますが、レムがプログラミングを覚えたきっかけはゲームにあります。

最近のゲームは、ＳＮＳ機能を搭載し、**自分が作ったゲームをシェアすることで、友達が遊ぶ**といったことができます。

そこに必要となるのが、プログラミングの知識と技術です。

彼らはゲームを使い、遊ぶ以外に「作る」ことを楽しんでいます。

それを知らずに、パッと見の判断でゲームはダメと考えるのは、子供の未来を何も考えていない証拠です。

子供を優秀に育てたいと願うなら、親自身も子供たちが興味を持つ分野について学び、後押しすることが大切です。

お金になるもの、お金にならないものを見極める

プログラミングは、何かを構築する上での手段にすぎません。

私も親なので、子供の将来を考えず、ゲーム作りのプログラミングを容認しているわけではありません。

あくまで、きっかけとして考えています。

今やゲーム市場は30億人と言われているので、その分野で活躍するという選択肢もあるかもしれませんが、参入者が多いということは、市場が大きい分、競争も激化しているということです。

しかも、出来上がった市場に後発で入るほど、高度な知識と技術を要求されます。

我が子とて、少しプログラミングができるからといって、その分野のプロの足元にも及びません。

多くの人は、この時点で夢を諦めるか、市場の末端で上を眺めながら指を咥《くわ》える羽目となります。

ですがそこで培った知識と技術を**遅れた市場**に持ち込めば、全く違う扱いを受けることになるのです。神扱いです。

ちなみに我が子は、ゲームをきっかけにプログラミングをマスターしましたが、それ以外にもセキュリティーやサーバー関連、ハッキングに至るまで様々な分野に興味を広げ、スキルを磨いてきました。

言い換えれば、大人が仕事で行うことを、自分の好きな分野で活動の幅を広げているということです。

レムの興味は、ＩＴに特定されています。

職職人気質なところがあるので、追求することは得意でも、客観性が失われがちです。これでは彼の本来の能力を最大限に引き出すことができません。単なる趣味で終わってしまいます。

しかしレムは幸いなことに、起業家の父がいます。私のことです。

レムが培った知識と経験、スキルをビジネスとして具現化することが私にはできます。

IT全般の興味が尽きないレム

私は、これまでビジネスを教えるコンサルタントという仕事を行ってきましたが、その延長で、プロデュース業を手掛けてきました。

育てた生徒さんと一緒にビジネスを立ち上げ、商品を販売することで売り上げを作るといったお仕事です。語学、スピリチュアル、健康分野など様々な人たちをプロデュースしてきました。

これまで手掛けてきたビジネスは、多岐にわたり、累計で何十億円という金額を生み出しています。

そこで見えてきた法則をレムに落とし込み、この数年、レムを起業家として育成してきたのです。

※教育に関する詳しい内容につきましては、

『10歳から始める！「起業家になるための7つのレッスン」』（辰巳出版）をご参照ください。

ある程度、教育が終わったとしても、実際に商品を販売し、売り上げに繋げなければ自己満足に終わります。

しかし、彼とのちょっとした会話がきっかけとなり、ビジネスを発案することが、急遽、決まったのです。

今から1年前。レムが小学校を卒業し、一時帰国で日本を訪れた夏休みの出来事です。

この時は、まさかレムがここまで知識とスキルを得ていることを知らなかったので、色々なところに遊びに連れて行ったり、私が出演しているテレビ番組やラジオ番組の収録に同行させ、勉強させていました。

そんな中、レムがこんな一言を言い出したのです。

「パパのコイン（暗号資産）を作ってあげようか？」

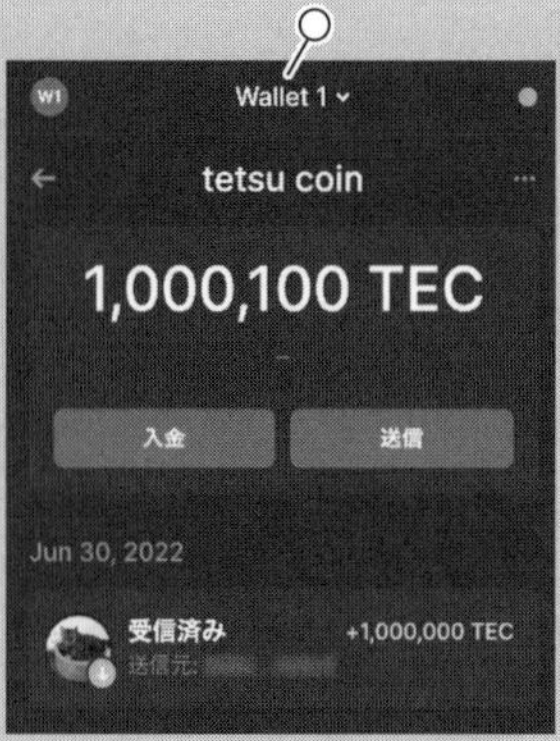

レムが作ったTETSUコインがビジネスの種になった！

いきなりだったこともあり、何を言われているのかわかりませんでした。

もちろん、暗号資産の存在は知っていましたし、レムとの会話の中でも時々話していたので、大枠はわかっていたつもりでした。

しかし、コインを「買う」ではなく「作る」というのが、いまいち理解できなかったのです。

レムはこう続けました。

「これ見て。僕のコインだよ」

目を疑いました。

レムが作ったコインが、ウォレット（電子財布）に表示されていたのです。

はじめは、何が起きているのかサッパリわかりませんでした。

しかし、目の前には、現実があります。私は、呆然《ぼうぜん》としました。

この時、息子は12歳です。

暗号資産やブロックチェーンのことについて調べていることは知っていましたが、まさか自分のコインを作れるとは、微塵《みじん》も思っていませんでした。

詳しく話を聞かせてもらうと、本当に作れることがわかったのです。

ただ、簡易的な方法で作っているので、証券会社に登録し、市場で売買することはできないらしいのですが、身内でコインをやり取りする分には、十分ということでした。

それならば、ということで、私のクライアント（会員向け）にコインを作ってもらうことにしました。

商品を作る際は、ひとつでは安いものでもセットで考え、販売単価を上げることを教える

その名も「ＴＥＴＳＵコイン」。レムが命名してくれました。

去年、死んでしまった愛猫（テコ）の写真をアイコンにし、私のコインはレムの手によって誕生しました。

この出来事を身近にいるビジネスパートナーに話したら、何名かの人が自分も作って欲しいと言い出したのです。

そうです。私のコインが欲しいというだけでなく「自分のコインを作りたい」と言い出したのです。

その瞬間、思いました。

「これは商品になる」

私のクライアントは事業者ばかりなので、顧客を持っています。

その人たちにポイント代わりとしてコインを発行すれば、価値を見出すことができると考えたのです。

ただ、このコインの欠点は、簡易的な方法で作っていたので、コイン制作の代行を受けるにしても高単価のサービスにすることができません。

この単価は、ビジネスを行う上で非常に大切です。

安い単価のものを売れば、どんなに優れたものでも小遣い稼ぎにしかなりません。

しかし、単価を上げるという視点を持つだけで、ビジネスという認識を生むことができます。

そこで、他にもできることはないかと、レムに聞いてみることにしました。

すると、ＩＴに関する多方面のことであれば、できることが沢山あると言い出したのです。

正直、彼がここまで知識の分野を広げているとは思いませんでしたし、なんと言っても彼の進化の速度に驚かされました。

数ヶ月前にしていた会話はすでに過去のものとなり、以前買ってあげたプログラミングの教材ですら、レムは簡単と言い出すようになっていました。

だからといって、商品化するとなると、高額単価をつけられそうにもありませんでした。

ビジネスでの売り上げは、**「単価×人数」**です。

しかも夏休みという限られた期間を考えると、リピート戦略を取り入れることはできません。

となると、人数を集める、単価を上げるかしないわけですが、準備と提供までの期間を考えると、広告を使うことはできません。

手持ちの顧客リストが欲しがる商品を設計し、高額で案内するしかないのです。

とはいえ、今から高額を取れるだけの商品を作る時間もスキルもありません。

高くてもひとつ3万円が限界です。3万円に人数を掛けてもいくらにもなりません。

12歳が提供する商品を大量に捌《さば》き、万が一、粗相があったら信用に影響します。

「顧客にマッチする商品かつ高額にするためには、どうしたらいい?」

ひとつの答えが浮かびました。

1つ1つは低単価でも、まとめれば高額にすることができます。

この時、まず決めるべき項目は、販売価格と期間です。

すでにこの時は、日本での滞在が残り1ヶ月を切っていたので、のんびり商品を作っている暇がありません。

今から顧客に案内するにしても商品ページを作成し、日本滞在期間内に納品まで終わらせる必要があります。

しかも、レムのデビューとなるため、不慣れなことも考慮した上での全体設計が大切です。

そこで2人で決めた商品概要は、

・1泊2日の合宿形式で行うこと
・ITが苦手な人でも参加できるような形（商品）にすること
・3ヶ月のオンラインフォローをつけることで、単価を期間で分散すること
・3万円程度の商品を複数まとめることで、高額サービスにすること

・販売価格は、税込22万円（合宿代は含む）

こうして、限られた夏休みという期間を使っての初の共同企画が決まりました。

ネーミングで価値が出ることを体感させる

その商品の名前は、「ＲＥＭｓパック」。

レムが作るパッケージ商品ということで、名前を決めました。

商品を設計する上で、ネーミングは非常に大切です。

なぜなら、今回のコンセプトは、レムが培った技術の結晶体をまとめて販売するというものだからです。

多くの人は、商品の質を上げることは考えても、打ち出すコンセプトやネーミングのことについては、あまり興味を持ちません。

しかし、名前は商品にとっての命です。共通言語になりますし、口コミを生み出す火種

を作ってくれます。

私は企画を考え、商品を作ったら、何よりもネーミングを大切に考えます。

そのネーミング次第で、売れ行きが大きく変わると知っているからです。それほど商品を販売する際、ネーミングは重要ですし、最高の名前をつけた瞬間、商品に魂が宿ります。

「これは売れる」

そんな感覚を実感できます。

私は、これまで色々な商品を作ってきましたが、ネーミングの重要性に気づくまでは、この効力とパワーを知ることができませんでした。

しかし、今はわかります。いいネーミングに出会うと、芯が定まるのです。

方針だけでなく方向性までみんなが一致団結し、商品を通じてまとまることができます。

それが、ネーミングの威力です。

「ＲＥＭｓパック」というネーミングは、すぐに決まりました。

お互いが顔を合わせ、「いいね」と心を通じ合わせることができました。

それ以外に、このネーミングに確固たる確証を持ったのは、妹のリラが自分も12歳（当時9歳）になったら、「ＬＩＬＡｓパック」を作りたいと言い出したことです。

カッコいい名前は、真似したくなる。それを実感させてくれたのが、リラの存在でした。

できることや好きを捨てて、顧客が欲しがる商品に狙いを定める

これで、レムが起業家デビューを叶える商品コンセプトおよびネーミングが決まったわけですが、だからといって、何でもかんでもメニューに入れればいいわけではありません。

顧客がお金を払っても欲しいと思う内容がパッケージに含まれていなければいけないのです。

そこで、レムができる技術を聞き、私が精査することで、何をパッケージに入れ、何を省くのかを２人で決めていきました。

それでも足りないと感じた時は、私の商品を特典として入れ、メイン商品を支えること

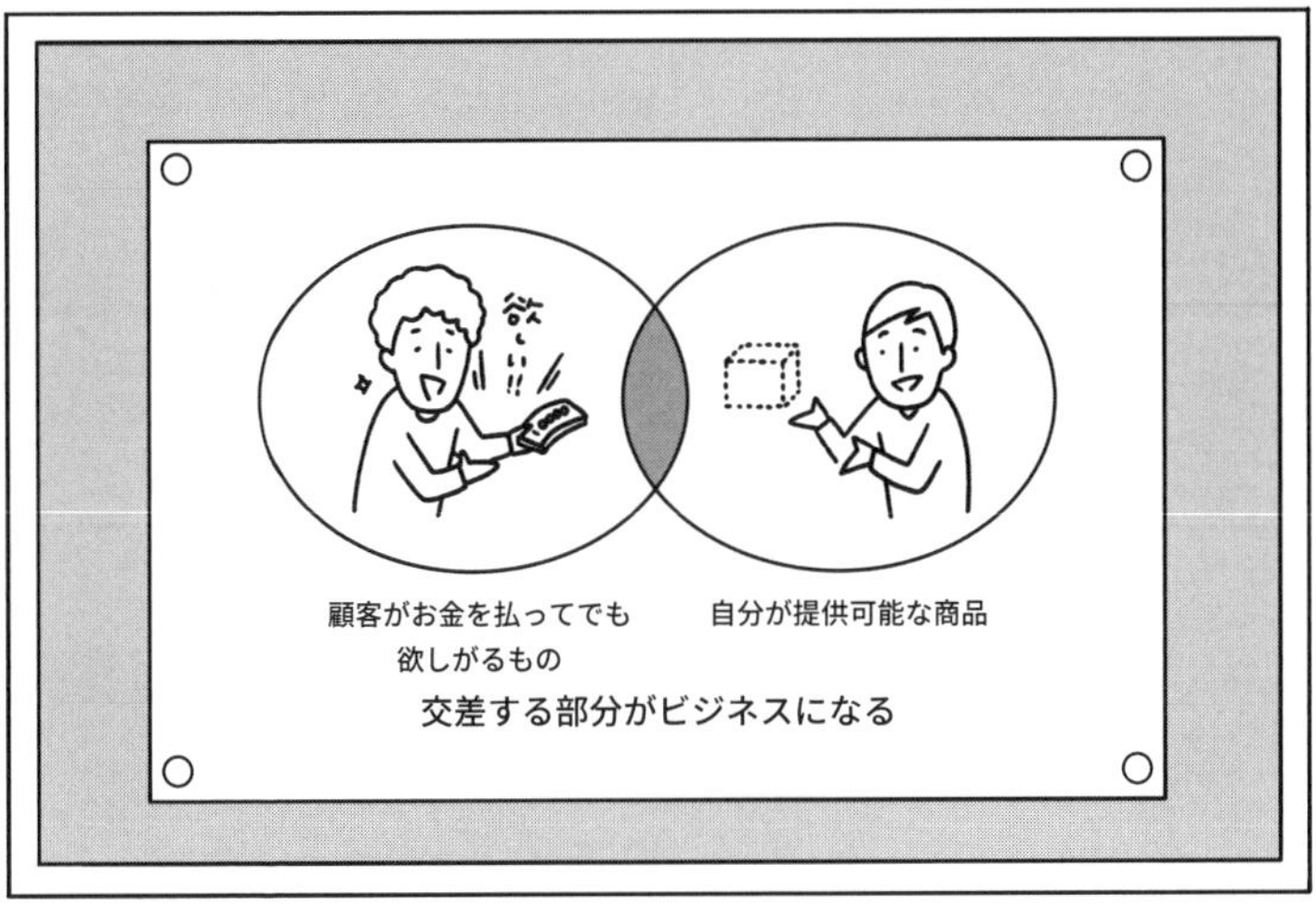

にしました。

商品を作っても売れない人は、一人よがりな商品を押し付けたり、顧客の要望ではないものをパッケージに入れ込む傾向があります。しかし、それでは、商品価値を高めることはできませんし、商品単価を上げることもできません。**大切なことは、パッケージの中に入っているすべての商品に魅力を感じ、顧客がお金を払ってでも手に入れたいと思えるものが含まれているかどうかということです。**

商品を販売しても売れない人は、こういった視点が、すっかり抜け落ちています。

誰がお金を払うのかを考えれば、すぐにわ

かることなのです。

顧客を無視して、一人よがりな商品を作っても、売れないのは当然です。

今回は、戦略の段階で、私の上顧客のみに案内すると決めていたので、リサーチの必要はありませんでした。日々、顧客と接点を持ち、彼らの願望や悩みを把握していたので、ジャッジするのに時間はかかりません。

レムが提供できる商品の概要を聞き、顧客の要望にマッチするかを知ればよかったからです。

重なり合う交差点を見つける作業です。こんなに簡単なことはありません。

レムに商品を出してもらい、私が顧客の要望に合うかを確認するといった具合です。


「パパ。バーチャルボックスは、どう?」

「何それ?」

「簡単に説明すると、パソコン中にパソコンを入れるようなもので、ソフトを攻撃されたとしてもハードとファイルを守ることができるよ。そうすることで即座に復旧できるし、損害を抑えることができるんだ」

「それは助かるね」

これだけ聞くと、順風に見えるかもしれませんが、それはレムが今日に至る前に、**知識をつけ、技術を磨き、私の質問に対し、適切に答えられる技量を身につけていた**おかげです。

私も顧客に商品を提供する以上、妥協することはできません。

売れないものは、売れないとハッキリ言います。

それに対して、レムは一切の意義を唱えることなく、

「パパ。これなら、どう?」

「それは、お客さんには難しいかな……。使わないよ。ダメだね」

「なら、相手のパソコンを自由に操れるようになるものは?」

「それもダメだね。ハッキングでしょ」

「だったら、パソコンがハッキングされているかを調べるものは、どうかな?」

「それはいいね。パパのも調べたいから、あとでパソコンに入れておいて」

「OK。わかった。やっておくね」

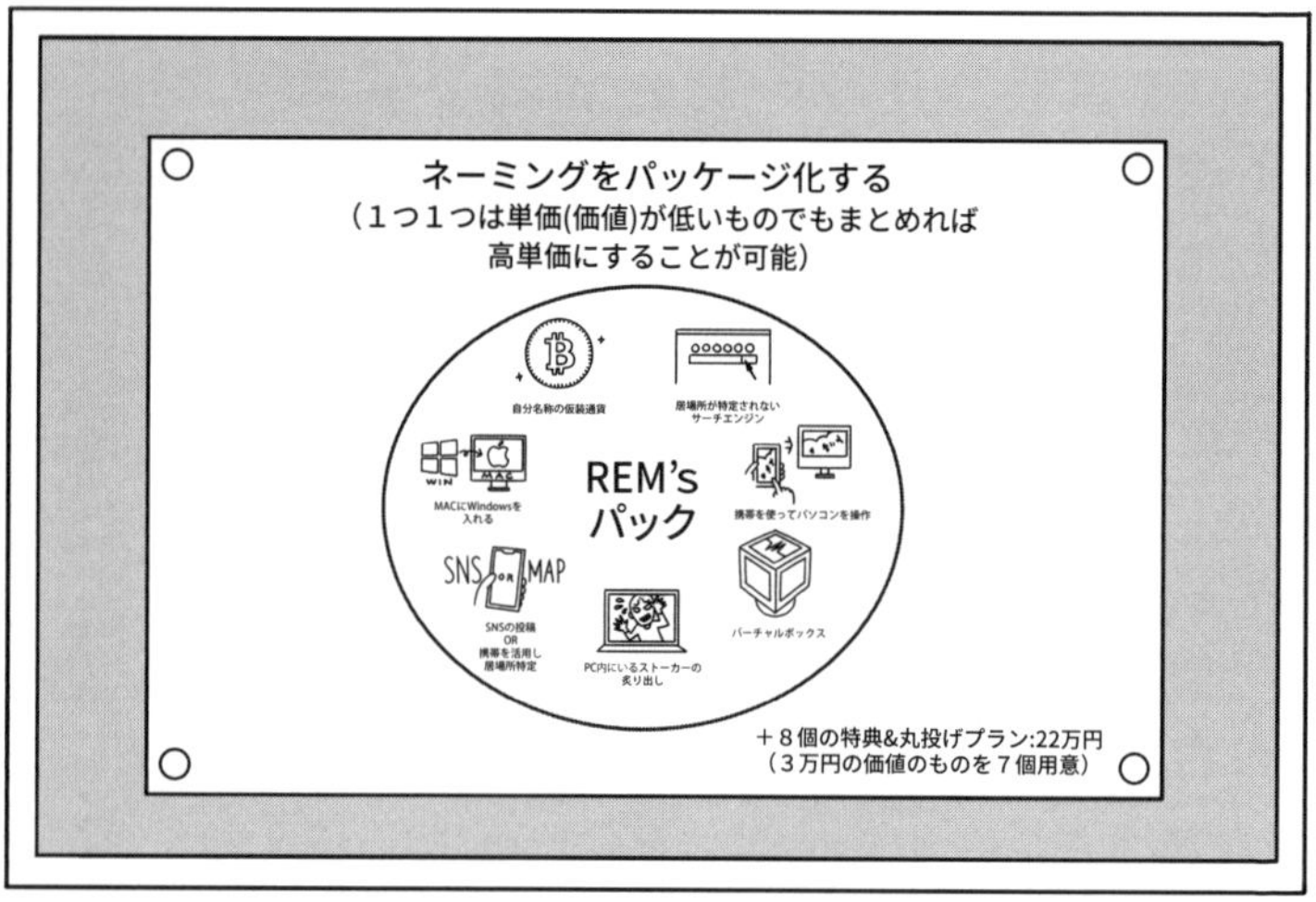

このような形で、やり取りを行い、レムは次から次へとアイデアを出し続けてくれたのです。

逆の立場で考えたら、これだけ却下の数が続けば、メゲてしまってもおかしくありません。ですが、彼はニコニコしながら、私とのディスカッションを楽しんでくれました。

あとは、価格に見合う（価値を超える）だけの数を揃えれば、「ＲＥＭｓパック」のメニューは完成です。

この光景を見たとき、今まで自分が見せてきた背中は間違っていなかったと思えた瞬間でもありました。

何が何でも形にしてあげたいと、強く心に誓うことができました。

結局のところ、これまで沢山の人にビジネスを教えてきましたが、**上手くいく人は、言い訳がありません。**

できないことを考えるという発想がなく、「どうしたらできるか?」について常に考えています。このことを、今回レムと一緒にビジネスを手掛けることで、垣間見ることができたのが、起業家の親として一番嬉しかったことです。

今回、「REMsパック」のメニューに含めたラインナップは、3万円を超えるものが7個。そこにプラスして8個の特典。全部で15個です。しかも合宿代(宿泊費&BBQ)が含まれるので、かなりお得な商品です。

レムと私にとっては、今できる精一杯を出した最高の商品となりました。


そのひとつをご紹介すると、MACにWindowsを入れるというものがありますが、通常の方法ですと、バーチャルデスクトップというアプリのようなものを入れるのが一般的です。その場合、パソコン自体の稼働が物凄く遅くなり使いものになりません。

その点、レムが考案した方法は、アプリでの稼働ではないので、パソコンに過度な負荷がかかることもなければ、スピードが低下することもありません。ノンストレスでスピーディーに作業を行うことができます。

これによりMACのパソコンに憧れていたけど、使い勝手に不安を抱えていた人が、抵抗を感じることなく、MACのパソコンに切り替えることができます。その需要を私たちは取りに行ったのです。

結果、今回の「REMsパック」を機に、MACを購入した人がかなりいたことを考えると、訴求ポイントは間違っていなかったということが証明されました。

起業家マインドの育て方

- これから子供に学ばせる教育は、英語×プログラミング（英語ができると、プログラミングもビジュアルボックスを不要にする）
- 子供が没頭している時は、無理にやめさせない
- ゲームは遊ぶだけでなく、作らせる
- 商品を作ったら、名前もつけさせる
- 自分の好きではなく、顧客の好きを形にする

ステップ2

子供を起業家に育てるためのマインドセット

子供を成功する起業家に育てる考え方

多くの人がビジネスを始めても成功できないのは、ビジネス自体を学んでいないことが要因です。

これは、小学生のレムにも該当することです。

カナダに住んでいるとはいえ、学校の授業でビジネスを学ぶことはありませんし、友達との会話でゲームの話をすることはあってもビジネスの話題が出ることはありません。当然、家庭での会話も同じです。

起業家の家庭であれ、親子の会話がビジネス中心になることはありません。

とはいえ、起業家はサラリーマンとは違い、自分のビジネスを引き継がせたいと考えたり、一緒に行えたらいいと考えるのは特別なことではありません。社長あるあるです。私も例外ではありません。

私の一人よがりな考えであれ、少しずつレムがビジネスに興味を持ってくれたら嬉しいなという感覚で、様子を見ながらレムにビジネス教育を始めました。

このような私の気持ちをレムは感じてくれていたのか、ビジネスの話題に抵抗を持つことはありませんでした。それどころか、私がビジネスの話を始めると楽しそうに聞いてくれるので、親子の会話でもビジネスの話題も必然的に多くなっていきました。

最近ではレムのほうから積極的にビジネスの会話をしてくれるので、私のほうが興味津々で話を聞く場面も増えてきています。


「パパ、これ知ってる?」

「何それ? 知らないよ」

「この端末を使うと、簡単にハッキングできるから気をつけて」

「それは危ないね。注意しないと」


親子とは言え、生きている時代そのものが違うので、レムから学ぶことも多く、特にIT関係は私がレムに教えてもらっています。それほどレムの進化の速度は速く、逆に感心しているところです。

それ以外にも、他の家庭との違いはあります。我が家は起業家として、レムに経営者教育を行っていますが、世の中の多くの人がビジネスを知らないというのは、不思議なことではありません。独立を考えている人やすでに会社を経営している人以外は、ビジネスに無関心というのは仕方のないことです。日々の業務をしっかりこなすことで、給料という対価をもらうのがサラリーマンです。

「失敬な。私は営業でトップだぞ。毎月、しっかりノルマもこなしている。ビジネスはわかっている」

このように言う人もいるかもしれませんが、多くの人が起業しても上手くいかないのは、今行っている会社の仕事は、ビジネスではなく「処理業務」にすぎないからです。

それが売り上げを上げる営業であっても、です。

多くの人は誤解しています。売り上げを上げているからといってビジネスを行っているわけではありません。会社から託された営業という業務をこなしている（処理）だけです。

そもそもビジネスとは何か？

価値を創造し、顧客に届けることで売り上げを作ることです。

メーカーという立場であれば、製造することになりますし、代理店という立場であれば、仕入れて販売することになります。形式は違っても、何らかの価値を生み出し、キャッシュと交換することで売り上げを作っています。

この観点で見た場合、子供に日々の作業をビジネスだと誤解させないことも起業家の親として大事なことです。そこを抜きにして起業家教育を行えば、作業を請け負うだけのフリーランスの罠《わな》にハマります。


「レムしっかり覚えて。ビジネスとは、お金を生み出す形を作ることで、作業することじゃないからね」

「どういうこと？　商品を販売することはビジネスじゃないの？」

「違うよ。会社が作った形を繰り返しているだけでしょ。それは作業であり、ビジネスじゃないよ」

「それじゃビジネスって、新しい形を作ること？」

「そうだよ。今までにないものを形として作り出し、お金に変わる価値を生み出すことがビジネスだからね。だから、レムも社長になりたければ、誰かが作った作業を行うのではなく、形を作る人になるんだよ」

「わかった」

「それを踏まえた上で、社長の仕事は、ブームを見極めつつ、時流を読み、売れる商品を探すことだからね」

「売れる商品って？」

「お客さんに少し見せたら、『今すぐ売って欲しい』と言われる商品のことだよ」

「商品の説明をしなくても？」

「そうだよ。目の前に出すだけで、勝手に売れたら嬉しいと思わない？」

「そりゃ嬉しいよ。説明するの面倒だもん」

「だよね。説明しなければ売れない商品は、市場自体がないから売るのも大変なんだ」

「市場？」

「また今度、教えるよ」

「うん」

「ここで覚えてもらいたいのは、説明が複雑な商品や営業マンに頼る商品は、大きく儲からないということ。大事なことは、誰でも売れる商品であることだからね」

「OK」

ビジネスで一番難しいことは売ることではありません。

誰でも売れる商品を見つける、もしくは作ることです。

このシンプルな法則がビジネスには必要です。

多くの人は、売れないものを無理に売ろうとするから辛い（苦労する）のであって、売れるものを扱えば、10分の1の労力で10倍売り上げることも可能です。それほど、売れるものを扱うことは大事です。

この観点で見た場合、会社の営業で成績を残している人は、売れるのがわかっている商品を扱っているにすぎません。

難しいのは、**売れる商品かどうかの見極め**です。

そこで売れることがわかれば、あとは改善を繰り返し、反応率を上げていくことができます。

いわば、「勝ちパターン」を構築することができます。

この作業を経営者は、まず行わなくてはいけません。

しかし、安定した売り上げを作ることができない経営者は、勝ちパターンを考えることなく営業マンに託す（能力に依存する）傾向がありますが、それは家業がやることで、企業とは呼べません。

企業とは、能力の低い人が行っても安定して売り上げが上がる仕組みを構築することです。

能力の高い人しか売れないものは、広がりにも限界がありますし、その人が辞めれば会社は傾きます。

売れる人が入社すれば、売り上げは一時的に上がり、その人が辞めれば、会社は一気に傾く。まさにジェットコースター。いつまで経っても不安定なままです。

これでは、さすがにもたないということで、多くの人は、人を増やすことでリスクの軽減を考えますが、人を雇えば雇うほど重石《おもし》をつけて歩くようなもので、倒産までのカウントダウンを加速させます。

それを避けるためには、人を雇う前に、売れる商品を扱い、勝ちパターンを構築することです。

会社員という形式上、業務を役割分担するのは仕方のないことですが、どのような経緯で集客を叶え、受注を勝ち取ったかが、見えないのは問題です。そうなれば、独立を叶えても、集客の段階で行き詰まるのは当然です。

だからといって、受注後の処理業務がいけないわけではありません。

商品提供に関わる部分なので信用に影響しますし、そこで顧客の絶大な信頼を得ることができれば、リピートや紹介に繋がりビジネスを発展させていくことも可能となります。

「だからといって、最初から売れる商品を見つけたり、新しい形を作るのは難しいでしょ」

「うん。難しいね」

「お客さんを探すのは？」

「それも難しい」

「それじゃ決まった形を教えてもらうのは？」

「簡単。教えてもらったことをやればいいだけでしょ」
「そう。簡単だよね」
「何度もやっていくうちに上手くなるし」
「だから今回レムには、いつもやっていることを商品として提供してもらうつもり。これならできるでしょ」
「できるよ。いつもやっているもん」

このカラクリさえわかってしまえば、段階を踏んで、独立までの道のりを構築することができます。

ビジネスを成功に導くには2つのステップが必要です。

まずは、受注後の商品提供（処理業務）。その上で、受注前の商品販売。順番も大切です。

なぜ受注後の処理業務から行う必要があるのか？

受けた仕事をこなすのは、やり方さえ教えてもらえば、数を重ねることでスキルを上げることができます。しかし、受注前の商品販売の場合、時流や顧客の状況に応じ、適用能

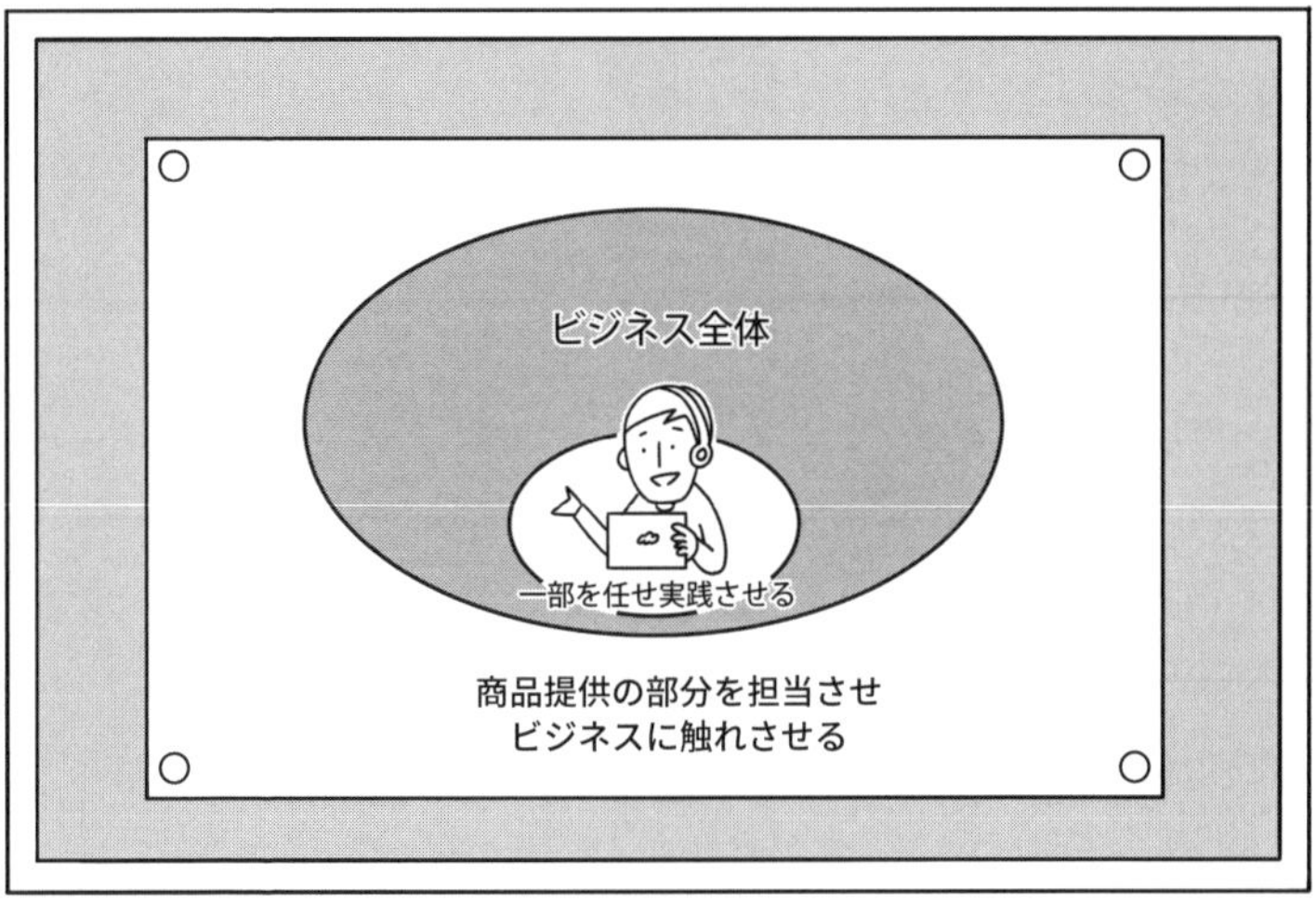

力が求められます。サバイバル能力と呼ばれるものです。

そのため、受注後の処理業務と比べ、柔軟性が求められます。

そこを受注後に培ったスキルや経験だけで押し通そうとすると、いつまで経っても新規に商品を売ることはできません。何も始まらないということです。

多くの会社は、なぜ毎日業務が発生しているのかというと、会社の中の誰かが仕事を取ってきているからです。受注が確定すれば、伝票や納品を行う必要がありますし、物によっては配送も必要です。

ひとつの受注によって、沢山の部署の人た

ちに仕事が割り振られ、多忙な日々を生み出すことになります。

この流れがわかれば、ビジネスを生み出し、軌道に乗せるのは簡単です。

受注前の商品販売に慣れた私が商品を顧客に案内し、レムには受注後の処理業務を任せればいいからです。このような役割分担を行うことで、無事レムの商品は世にリリースされ、レムは起業家デビューを叶えることができました。

顧客の願望を理解するまでは、商品の販売はさせないこと

製造者が商品を販売することができない（作った商品が売れない）のは、価値を理解できていないのが原因です。

「ふざけるな」という人もいるかもしれませんが、製造者は、誰がお金を払うのかを見過ごす傾向にあります。

お金は、顧客が払います。言われれば当然なことも、製造する立場となると顧客が捉え

る価値を見失い、機能や品質を延々と語ることになります。それは、技術者の拘りであって顧客の関心事ではありません。

顧客の関心は、この商品を使うことで、どのような未来が手に入るのか。それだけです。

この観点を見過ごし、顧客不在の拘りの商品を作っている間は、安定した受注を勝ち得ることはできません。

「お客さんは、何に対してお金を払うと思う？」

「商品じゃないの？」

「質問を変えるね」

「レムは、なんでパソコンを買ったの？」

「ゲームとプログラミングがやりたいから」

「ゲームができれば、パソコンじゃなくていい？」

「別にいいよ。この間、買ったゲームはパソコンじゃできないし」

「じゃパソコンいらない？」

「必要だよ。ゲーム機じゃプログラミングできないし」

「プログラミングするために、パソコンを買ったの？」

「違うよ。ゲームもやるよ。パソコンでしかできないゲームもあるし」

「じゃ聞くけど、ゲームとプログラミングができれば、パソコンじゃなくてもいい？」

「別にいいよ。パソコンは重たいし、最近はタブレットでもできるものも多いから」


売れない営業マンは、商品を知れば知るほど売れると錯覚する傾向がありますが、そもそも顧客は、商品のことなど知りませんし、欲しいとも思ってもいません。

その熱量の低い顧客に対し、深い商品知識を持った熱い男が営業すれば、押し売りとなり嫌われるだけです。

人は、習得した知識をすべて出し切りたいと願う習性があります。

しかし、それは顧客の望みではありません。

大半の顧客は、そこまでの情熱を商品に持っていませんし、お金を払い買ったとしても、知識を増やしたいとは思ってもいないのです。


この罠にハマりそうになったのは、レムも例外ではありませんでした。

レムは、自分が培った知識や経験は、すべて顧客の関心事という認識（思い込み）を持っていましたが、私が顧客との間に入ることで、熱くなりすぎたレムの熱量を下げることを同時に行うようにしました。

「パパ、これどうかな？　この技術を顧客さんに教えてあげたら、喜ぶんじゃないかな？」
「これは顧客さんには難しすぎるし、使わないよ」
「そっか……だったら、これはどう？」

このようなやり取りを日頃から行うことで、レムの考えと顧客のレベルを調整していきます。

そこを見過ごし、2人で盛り上がってしまえば、顧客からドンドン遠ざかり、売れない罠にハマると知っているからです。だから、私は商品に関する知識はほどほどにし、顧客と商品を繋ぐコーディネーター（翻訳家）でいることを意識しました。

商品を販売する上で大事なことは、

・**顧客が得たいと考えている未来像**
・**希望する結果に対しての現在の取り組み**
・**取り組みの対する成否の有無および状態**
・**これまで業界の商品を買った経験があるかどうか**
・**あるとすれば、いくら払ってきたのか（回数も含め）**

これらの前提条件を聞いた上で、願望（ないし悩み）と商品を繋ぐ接点を探っていきます。商品が持っている「効果効能」の部分です。

そこがマッチすれば、顧客が求める願望を叶えつつ、商品を販売することができます。

これが、**顧客が考える価値**と呼ばれるものです。

製造者が考える価値：機能や品質（使い心地を含め）
顧客が考える価値：願望ないし悩み（期待を含め）

製造者と顧客は、そもそも考えていることが違いますし、この違いを理解することができない限り、どんなにいい商品を扱っても売れない罠から抜け出すことはできません。

商品知識ゼロではいけませんが、氷山の一角ほどの知識があれば、セールスは可能です。

むしろ、深い知識を持っていたとしても、**あえて氷山の一角程度の情報量に抑えることが大切です。**


「商品を沢山売るには、どうしたらいいと思う？」

「詳しく説明すること？」

「パパのお客さんは、おじさん、おばさんだからパソコンのことがわからないよ」

「パソコンがわからない人に、レムの話をして伝わるかな？」

「無理だね」

「じゃ売れない？」

「売れるんじゃやない？」

「どうして？」

「導入する手順を説明しなくても、使えればいいんでしょ」

「そうだよ」

「だったら僕が設定をすれば、使えるようになるから、それでいいんじゃない?」

「丸投げパック、それいいね」


商品を販売する際は、少し視点を変える必要があります。

自分の思いを100%ぶつけると、顧客は心に壁を作り、逆に商品は売れません。

顧客の願望から流行りや時流を抑えつつ、機能がもたらす効果効能を伝えることで、商品に繋げる視点が大事です。

言い換えれば、広く浅い知識と要素を繋ぐセンスを磨くことができれば、顧客にとって喜ばれる商品を届け、売り上げに変えることが可能となります。

そこまでは、セールスしてはいけません。一度、失った見込みある顧客を取り戻す労力を考えたら、セールスしないほうがいいということもあるのです。

子供には、まず受注後の商品提供（処理業務）から始めさせ、同時に報酬の取り方も教える

サラリーマンの多い日本においては、言われたことを正しく行える育成が重視されていますが、子供にビジネスを教えるとなった場合、教育も変える必要があります。

取り組むステップは、受注後の商品提供（処理業務）からスタートさせ、ひとつの業務に慣れさせることで、まずは仕事というものに触れさせます。

こうすることで、何かを行ったら報酬（給料）がもらえるという感覚が育ちます。

その際、報酬の取り方も見過ごしてはいけません。同時に教えることが大切です。

A. 作業量に関係なく、決まった時間を費やすことで給料がもらえるもの

B. 数に応じて処理した分だけ、出来高で報酬がもらえるもの

どっちがいい悪いではありません。方式の違いです。

ただ、そこから起業家となって売り上げを意識する場合、根底から考え方を変える必要があります。かけた時間や処理した数ではなく、売れた分（利益）に対し、自分の取り分を決めるものです。

そのため結果の伴わない出来高は、時間、労力を無駄にすることになります。

このままだとわからないという人のために、子供のお小遣いを例にとり解説していきます。

A. 毎月決まった額をお小遣いとして与えるものが、月給タイプ
B. 肩叩きなど数をこなすことでお小遣いを決めるものが、出来高タイプ
C. 商品を販売し売れた額に応じてお小遣いを配分するのが、成果主義タイプ

作業としては、同じことを行っていても、報酬の渡し方を変えることで、受ける印象は大きく異なります。将来、サラリーマンになるのか？　それとも、起業家として生きるのか？　ということにも影響してきます。

だからといって、処理するもの自体に変わりはなく、受注後の処理業務を任せることで、

体験を通しながら大人の世界に触れさせることができます。

お金をもらい、責任を感じさせながら、社会との交流を持たせることができます。

ちなみにレムは、起業家として育てているので、Cに該当します。

だからといって、常にビジネスを行っているわけではありません。

レムが必要とするものや欲しいものがある時は、ビジネスに関係なく買ってあげることもあります。

それはビジネスを行うための準備が含まれているものであって、ビジスネとは無関係なものを買ってあげることはありません。それを知ってか、レムも私に何かを要求する時は、ビジネスに関係するもの以外は、欲しいとは一切言ってきません。

これまで欲しいと言われたものもインターネットに接続するためのサーバーや、機械に繋ぐパーツなどです。1つ1つは安いものなので、レムに任せています。

それ以外の大きな買い物は、ビジネスを行い一緒に売り上げることで買うようにしています。

ここまでの流れを見て気づいた方も多いかもしれませんが、お金を貯めるためのお小遣いはあげていないということです。


「最近、欲しいものはないの？」

「新しい端末が出たらしいから、試してみたいな」

「いくらするの？」

「300カナダドル」

「ちょっと高いね。誕生日も先だから、商品を作って売ったら？」

「そうだね。この間、作ったデジタル商品が途中だったから、完成させてＮＦＴで販売しようかな」

「それはいいね」

「この間の作品は、落札が早かったから、この間のテイストをベースに仕上げてみたら」

「確かに、ベースは同じでいいかもね」

「早速、取り掛かるよ」


お金は、使うためにあります。

我々は経済を回すのが役目であって、貯める行為は、経済の悪化に繋がります。

そのためレムに関しても同じように、貯めるためのお小遣いを渡すことはなく、すべて次に活かせるものに使うことを教えています。

具体的には、売り上げた金額で買うものは、最新型の機器だったり、新しい発見を得るためのものです。

このようにすることで、次なる売り上げに繋げることが可能になります。

自分でビジネスを行い、お金を稼ぐ行為となるからです。

しかし大半の人は、このようなことは考えません。

自分の才能を考えずに、目先にあるアルバイトに通うようになります。

通常であれば、早い人で16歳くらいからバイトを通じて、社会との接点を築いていきます。

アルバイトも同じように受注後の処理業務を作業代行として一部請負い、アルバイト代を引き換えに行うものです。

同じ作業を何度も繰り返すことで、質を向上させ、知識を深め、その分野の専門性を高めていきます。その作業に慣れれば、他の作業（業務）を与えられ、活動の幅を広げることで、成長を感じていきます。

言い換えれば、給料アップを叶える最初の課題です。

そのフェーズが終われば、次は、人を管理する業務や教育を行なう業務になります。教えることで、今まで自分が行ってきた取り組みを頭の中で整理することができるため、認識を再確認し、取り組みをさらに向上させることが可能となります。

このようにして人は、与えられた業務を増やしていくことで社会や会社に貢献していくわけですが、何事も実際にやってみないと見えないものばかりです。

そのため、知る、やる、できるは、同じように見えて全然違うと言われるわけですが、これは取り組み始める年齢が早いからといって、避けられるものではありません。

むしろ、早く始めることで、時間をたっぷりかけ、数と量をこなすことできるので、他より質を向上させていくことができるということです。

何度も繰り返しやること、現場の経験を積むことが、上達を加速させる

例えば、売れっ子の子役を見て、「能力、才能、センスがズバ抜けている」と言う人がいますが、彼らは、長い年月をかけて同じことを何度も繰り返し行ったことで、それらを習得したにすぎません。

だからといって、長い年月をかければいいということではありません。同じ歳月をかけても売れない子役がいるのは事実ですし、同じだけの技量や度胸が手に入ることもありません。

どの分野においてもトップにのぼりつめた人の共通点を調べると、どのような環境に身を置き、誰から学ぶかが大事だということに気づきます。

よほどの奇跡が起きない限り、一流は一流の元から輩出されます。

これは本人の技量や努力だけでなく、講師が持っている影響力なども評価対象に含まれます。

本人の能力が優れているからといって、必ずしも芽が出るとは限りません。講師がかける想い、熱量も大きく影響します。

名のある先生であっても気持ち半分で指導にあたれば、その場からスターが排出されることはありませんが、講師も本気、本人も命をかける思いで挑めば、最低限のスタートラインに立つことはできます。あとは、**そこから早い段階で大人と一緒のステージに立ち、現場で繰り返すことが大切です。**

そのことを私は自分の先生から現場を通じて教えてもらい、成果の速度の違いを身をもって体感させてもらうことができたので、レムにも意識的に行うようにしました。

親子の会話だけでビジネスを教えるのではなく、どこに行くにも私に同行させるようにしていました。

タイミングを見計らっては、簡単な挨拶をさせたり、一言でも話せる場面を作るなど、とにかく現場を意識するようにしてきました。

このようにすることでレムは現場に対し、抵抗を感じなくなっていきましたし、フラットな姿勢でビジネスに取り組むこともできるようになりました。

この経験を見ることで、私の新しい取り組みにも変化が生まれてきました。

今、私はビジネスコンサル以外にも映画俳優（役者業）を行っていますが、監督から言われていることがあります。それは、「今の船ヶ山さんに欠けていることは、現場経験です」。

私の場合、46歳で役者デビューを叶え、映画「森の中のレストラン」という作品で主演を務めました。その作品の中では、誰よりも多くシーンを撮影することができたので、一気に現場経験を積むことができました。一言の役を100回繰り返すより、主演を一本演じたほうが一気に成長できるというのは、体感を通じて理解できたことです。

しかし、それでも売れっ子の役者さんと比べると、圧倒的に出演している本数や時間が少ないのも事実です。

彼らは、ほぼ毎日のように現場に出かけ、撮影の日々を送っています。

一方、私はというと、年間を通じて主演作品が3本です。

主演作品があるだけマシかもしれませんが、それでも年間を通したら撮影していない日々のほうが多く、現場経験が積めていないのは自分でもわかります。

そういう意味では、リハーサルや稽古の場では、本番環境にあるような空気感や緊張感を得ることができないので、歯がゆい気持ちを感じています。

この観点で考えた場合、同じ演技であっても自宅や稽古場で何度も繰り返すより、現場で緊張感を感じながら繰り返すものとでは比べものにならないと言えます。


しかし、現場であれば何でもいいということではありません。

演技が上手になる秘訣は、上手な人と掛け合いを行うこととも教えられました。

確かに、下手な人と一緒に演技するより、上手な人と一緒に演技したほうが、成長する速度が違うのは、自分の演技を見て感じています。特に、自分が確立できていない段階においては、周りの影響をモロに受けてしまうため、自分だけが現場でシーンをこなしたり、リハーサルを繰り返せばいいというものではないことを知りました。


他の業種業態であってもこの考え方が大きく変わるものではないので、これらを意識しながら取り組むことが大切です。分野は違えども、売れっ子になれる確率を飛躍的に上げてくれること間違いなしです。

今なおオンライン上で顧客のフォローを続け、次なる商品の準備中

ビジネスで儲けるコツは、既存客に次の商品を売ることです。

新規顧客は、顧客を獲得する前にコストがかかりますし、関連商品も見つけにくいわけですが、すでに目の前にいる顧客であれば、次に何を売れば関連性を持たせることができるのかも簡単に知ることができます。

だからといって、新しい商品ともなると、一から構築し直す必要がありますが、現在の取り組みの中で見出すことができれば、得の発見となります。

「今回、ＲＥＭｓパックは、パパの上顧客に案内するから、ビジネスを行っている人向けに商品を考えよう」

「どういうビジネスを行っている人が多いの？」

「みんなバラバラだけど、共通することは、移動しながらパソコンを使う割には、ＩＴが苦手なことかな」

「よくそれでビジネスできているね」

「そうだね。ハッキングされても気づかないだろうし、セキュリティーも無防備だから心配だね」

「だったら、安全面を考慮したサービスをメニューとして作ろうかな」

「それはいいね。便利になった故の見えない損失がだいぶ増えてきているから、喜ぶと思うよ」

「その視点を入れて、構成を考えてみるね」


ちなみに「ＲＥＭｓパック」の場合、メニューの数は自由に決めることができたので、レムの成長を考え商品を増やすこともできますし、テイストが少し異なるものであれば、特典として追加することもできます。

このようにすることで、私も売りやすくなります。メニューが増えることで単価が下がるからです。

今回、「ＲＥＭｓパック」に関しては、夏休みを使った限定企画だったので、次の商品を提案することはしませんでしたが、日頃、私が手掛けるプロジェクトは、必ず、メイン商品以外に、アップセル商品（オプション）、バックエンド商品（次なる関連商品）、ダウンセル商品（断られた人向け）、ハイバックエンド商品（上顧客向け）といった具合に販売を重ねていきます。

このようにすることで、プロジェクトの総売り上げを積み上げ、一回のプロモーションで数千万円から億単位の売り上げを設計することが可能となります。

だからといって、一人よがりなものを設計の中に組み入れたり、関連性のないものを動線に入れ込めば、売り上げが積み上がることはなく最悪、信頼を失うなんてこともあり得ます。

なぜなら、販売した商品に関連するものは、顧客の未来を広げる希望となりますが、繋がりがなければ、売り上げ欲しさの迷惑行為となるからです。

なぜ顧客は商品を購入するのかというと、販売者を信用し、自分の願望ないし悩みを解消するためです。

ということは、そこで掲げている願望を少しでも早く、より高く叶えるためにも、もっと顧客のことを考え、お節介し、次を提案することが大切です。ここでのポイントは「お節介」です。遠慮してはいけません。

それが結果、さらなる信頼を生み出し、ファンを構築することになります。

この心理は、商品を続けて売ったことのある人にしか見えてこない世界です。

売れば売るほど（お金を使えば使うほど）販売者を好きになり、もっとお金を使いたいという欲求に火をつけることになります。

この心理を上手に取り入れているのが、ブランド戦略です。

ひとつの固定したブランドにハマる人は、この戦略に踊らされています。

初めはバッグだけだったものが、財布も靴もベルトも、と、どんどん増えていき、気づけば同じ全身ブランド尽くめ。脳が軽くショートした状態です。

なぜこのようなことが現実的に起きてしまうのかというと、「特別扱いを受けたい」「もっと大切にされたい」という裏心理が働いてしまうからです。

このような人が感じる心の動きがわかるようになってくると、少しの労力で最大の売り上げを作ることは難しいことではなくなります。次を売ればいいからです。

新しい商品を出せば出すほど、顧客はファン化して、借金してまで商品を買う人も出てきます。

「それは流石《さすが》にやりすぎでは?」と感じる人もいるかもしれませんが、それは顧客が決めることです。

顧客に幸せを提供していると考えれば、次の商品を提案するのは、販売者としての義務です。

今回、レムは、カナダに帰国することもあり、次に繋げる商品を案内することはしませんでしたが、今もなおオンライン上でフォローを続け、「REMsパック」(第二弾)に繋げる準備を行っています。

起業家マインドの育て方

- 最初は販売ではなく、商品提供（受注後の処理業務）から始めさせる
- 誰かが作った処理業務ではなく、新しい形を作らせる
- 子供の得意分野を活かし、できるものを商品化する
- 商品に着眼させるのではなく、用途に目を向けさせる
- 欲しいものがあれば、お小遣いではなく稼いで購入する視点を持たせる
- 働く時間は関係なく、探究心と興味性を育てる

ステップ3

現場を体感させて、イメージを育てる

最初からできる人間はひとりもいない

多くの人は、何か新しいことを始める際、「学ぶ」ことから始めます。

我々は、学校教育をベースに知識の習得を行ってきたので、その教育法に疑問を感じることはありません。しかし、それは間違いです。この先、一生、誤解したままゴールの見えない長旅を始めることになります。

なぜ人間は立って歩くのかを考えれば、自ずと答えは見えてきます。

大体1歳ぐらいになると、子供は転びながらも立ち上がり始めます。

親が「立ちなさい、歩きなさい」と教えずとも、自らの意思で立ち上がるのです。

理由は、明白です。**親が立ち、歩いているからです。**

生まれて間もない1歳の子供にイメージなど不要です。

見たものすべてが現実になります。そこに教育など不要ですし、言葉も必要ありません。

このことを意識した教育は、思考や想像を超えるので、何倍もの速度で進むことができますし、これまでとは違った人生を得ることになります。

レムも同じです。

本人の中で起業しようとか、ビジネスを起こそうなんてことは考えていませんでした。夏休みを通して、お金を稼いだ後も同じです。レムの中ではパパと一緒に好きなことをしていたら、お金を稼いでしまったという感覚です。本人の中では何が起きているのかわかっていない状態です。

「そんなことある?」と言うかもしれませんが、1歳の子供が立つのと同じで、起きている事実を把握せずとも、ビジネスを行うという環境に身を置くことさえできれば、お金を稼ぐことはできます。理解を優先する必要もなければ、考える必要もありません。

起きている事実を何度も繰り返し、体に刻み込ませていくだけです。

子供は良くも悪くも親の背中を見て育つので、見たものすべてを「正解」とします。

だから、「子供を育てる立場になったら、行動に気をつけなさい」と言われるわけですが、視覚情報は思考を超えます。

子供は親の背中を見て、常識を学びます。

身についた常識を親が抑制していたら意味がありません。お互い疲れます。

子供にとっての親は、思考を超越した存在となるので、やって欲しい、なって欲しいと願うものは、親が見本となって見せることが大事です。

大人の自分ができないことを子供に押し付けても、叶う確率が低くなるのは当然です。


かつて私がすぐに会社を辞め、独立できたのかといえば、そんなことはありません。

私は誰よりも臆病者ですし、石橋も何度も叩かずにはいられないほど、慎重に物事を進めます。


それが故に、起業したいという想いはあっても、なかなか起業できずに、5年という歳月を無駄にした過去があります。この間、大切なものもたくさん失いました。自分ひとりの力では独立を叶えることができず、ずるずるとした時間を過ごす羽目となったのです。

そんな煮え切らない私の背中を押し、勇気をくれたのが、レムの存在です。

私は、レムが3歳になるまでに起業を叶え、お金持ちになると決めました。

3歳を超えたら、自分の家がお金持ちなのか？　平凡なのか？　貧乏なのか？　を把握するようになるからです。

だから私は、レムの年齢を気にかけながら、頑張る動機に変えることにしました。

「パパは、レムが小さかった頃は、サラリーマンだったんだよ。この時は臆病者で、怖くて会社を辞めることができず悩んでいたけど、レムが生まれ、大きくなる姿を見て、頑張って社長になると決めたんだ」

「そうなんだ。会社を辞めるのって、そんなに怖いの？」

「物凄く怖いよ。今思えば、なんてことないけど、当時は、怖くて仕方なかったんだ」

「会社を辞めてよかった？」

「よかったよ。お金持ちになったし、時間も自由だし、たくさんの夢を叶えることができたからね」

「サラリーマンは、夢を叶えることができないの？」

「そんなことないけど、社長とサラリーマンとでは、叶えることのできる夢の大きさや数が違うからね」

「そうなんだ。パパ嬉しい？」

「嬉しいよ。レムがパパに勇気をくれたおかげだよ」


サラリーマンの親から生まれた子供の大半は、サラリーマンになりますが、起業家の親から生まれた子供は起業家になる確率が上がります。

我が家の場合、子供たちが生まれてから独立を叶え起業家になったので、生まれの親はサラリーマンですが、育ての親は起業家です。このケースの場合、どちらが大きく影響するかは、子供の年齢によります。

子供が小さいうちに起業家となれば、その大半を起業家の考え方に変えることができますが、子供が20歳を超えてから親が起業するとなると、その親元で育った子供は、サラリーマンの考えを持つことになります。

どちらがいい悪いではありませんが、今後サラリーマンと起業家の比率が変わることは明白です。

団塊の世代（現在の70代）までは、終身雇用も退職金も年金も当たり前にもらえていた時代なので、安定なき起業は、バカのやることという認識がありましたが、今や終身雇用だけでなく退職金もないとなると、サラリーマンでい続ける理由がなくなります。

厚生労働省が同一労働同一賃金を２０２０年４月１日に施行しましたが、派遣と正社員の境がなくなりつつあります。

いわゆる長期間勤務することで信頼を築きあげる関係から、能力で評価される時代に移行されつつあるということです。

この観点で考えた場合、将来、大企業に勤め、サラリーマンとなって年収１０００万円を目指す生き方は、どんどん消えつつあります。

海外と日本にはタイムラグがあるので、今すぐ日本で発生することはありませんが、すでにアメリカでは起きています。アメリカの都心部では、年収１０００万円をアルバイトが稼いでいます。

この流れは、今後さらに加速していきます。

今の時代、インフレは世界のスタンダードとなり、物価は上昇トレンドにあると見られています。

このような動きが世界にある中、日本単体で考えてしまうと身動きが取れなくなります。

しかし本来、我々は自由な存在です。

企業に勤め出来高制で能力を発揮するも、独立を叶えビジネスを所有し成果を上げるもスタンスの問題なので、どちらを選ぶかは本人が決めればいいことです。

私も10年勤めた会社を辞める際は、恐怖で寝られない日々が何日も続きました。

今思えば、つまらないことに悩んでいたと自分が恥ずかしくなりますが、当時は真剣でした。安定した給料が止まることで、家族を悲しませるのではないかと考えたからです。

そんなことを考えていたら、何もできず一生を終えることになりますが、多くの人は、この恐怖に尻込みし、独立を見送り続ける人生となっています。

そして「俺はいつか独立し大成功する」というだけの悲しい口だけ人生です。

つい先日もサラリーマン時代の当時の仲間にバッタリ街で偶然会いましたが、10年経った今も昔と何も変わらず「来年、早々には独立する」と言っていました。

彼は毎年同じことを言い続け、オオカミ少年になっていることに本人は気づいていません。このような親の背中も子供は見ていますし、口だけでどうせやらない人間というのが、子供に伝染することになりますので、注意が必要です。

12歳のレムとビジネスができたのは、教える前に「見せる」を徹底したから

それを避けるためには、まず子供に「見本」を見せることが大切です。

何をするにも、背中でカッコいい基準を見せないことには始まりません。

この憧れの部分が弱ければ、どれだけ親が立派なことを語ろうと信憑性《しんぴょうせい》などありませんし、追いかけたい背中にはなりません。

それどころか反面教師で、「お父さん（お母さん）のようにはなりたくない」なんてことを言われる可能性だってあります。

それは、親にとって悲しすぎますが、強制しても虚《むな》しいだけです。

親の背中を追う、それとも避けるかは子供が決めることです。

そこは親の課題ではありません。子供の課題です。

ここを切り分けて考えないと、教育は上手くいきませんし、苦しむことになります。

親は子供にとっての憧れになることはできますが、子供の将来を決めることはできませ

ん。

我が家では、レムが12歳になったときビジネスを一緒に行うことができたのは、3歳から10歳までの7年間は、見せることを徹底し、教えるフェーズを圧縮したからです。

そのためレムは、私の小さな行動や言動を見逃すことはありませんし、1つ1つを自分の中に取り入れることを意識しています。

そのことに気づいたのは、ゲーム感覚でビジネスを教えるようになってからです。

これまでは、ドラえもんなどから得た知識をベースに正解（回答）を作っていましたが、見せることを積極的に行うようになってからは、私が出して欲しいと考える正解を教えずとも言うようになってきたのです。

最初は、偶然かと思っていたのですが、見せる工程を増やせば増やすほど、私が考える正解をどんどん出すようになっていきました。

先日もこんな出来事がありました。私の会員さんとレムが会話していた時の話です。

レムが3人分ほどのスペースを取り、離れて座っていたのです。

そのことをレムに尋ねてみると、涼しい顔で「だって、いつもパパやっているよ」と言い出したのです。

その回答を聞き、驚きました。

まだ何も教えていないにも拘らず、見たものを正解とし、自らの意識で動けるようになっていたからです。


多くの人は、「見せる」という考えがありません。


聞くことをするだけで、見本を見せたり、影響を与えることを忘れがちです。

それどころか、根拠なく子供の夢を聞き、応援することはしても、子供の夢自体を作ることはしないのです。

しかし、子供の夢は生まれた時からあるわけでも、神様から途中で与えられるものでもありません。

色々なものを見て、経験し、触れていく間に、夢はおぼろげながら形となり、叶えたい願望が芽生えます。

私の友人は高校時代に、映画「バックドラフト」に出会ったのをきっかけに消防士になることを決めました。

今では、その想いを貫き夢を叶え、日本国内中の消火活動に当たっています。

その他にも、美容室の家系に生まれた友人は、小さな頃から髪に興味を持ったことで、国家資格を取り、親のあとを引き継いでいます。

彼らに共通することは、経験の中で目にしてきたものがベースとなり、憧れとなって、叶える動機に変わったということです。

そこから、その夢を確固たるものに変えるためには、**繰り返すことでより好きになる心理**を活用することです。

これは、**「ザイオンス効果」**と呼ばれるものです。

この心理は、音楽に置き換えると理解を深めることができます。

何度も繰り返しひとつの音楽を聞くことで、気づけば口ずさみ、リズムに乗って、その曲が奏でるメロディーに酔いしれることがありますが、聞けば聞くほど好きになるのは、人間が持つ心理要因が後押しとなっています。

これは、夢に関しても同じことがいえます。

どんな理由であれ、何度も繰り返し見たものは、脳が錯覚し、「好き」だと解釈するようになります。

それが元々は、自分の興味でなかったとしてもです。

だから親の存在は大きなものとなりますし、しっかり見せることができれば子供の「好き」になることができます。

起業家ないし経営者の家系は、皆知っています。

そのため、子供を小さな頃から会社に連れて行き主力メンバーに会わせるのは、将来、社長の座に就くという認識を高めるだけでなく、仕事そのものを好きになってもらいたいという考えで行っています。

こういったことはサラリーマン家系に生まれると知らされることはありませんし、世間では、会社に子供を連れて行くのは常識知らずと言われるので、自分が行っている仕事を子供に見せることはしません。

しかし、サラリーマンであれ、この「ザイオンス効果」を使えば、自分が行う仕事に興味を持たせ、好きになってもらうことは可能です。

しかも、好きになった仕事を行うのが、お父さんやお母さんであれば、小さな子供にとってより好きになるのは明白です。

子供が好きで憧れを持つ仕事に、将来、就かせてあげられるのは、親にとってこの上ない喜びとなります。それに、親がきっかけで子供の夢になった仕事であれば、これまで培ったリソースを子供のために使うこともできます。

・条件だけで好きでもない仕事に就き、生活費を稼ぐだけの毎日
・親のリソースをフル活用し、好きと憧れを両立させる楽しい毎日

いかに「見せる」が重要で、憧れがなく目的を達成するためだけの「教え」は、むしろ逆効果だということがわかったと思います。条件を満たすためだけの仕事は、地獄です。

その地獄を親として感じさせたくないというのであれば、何度も見せ、好きになってもらうことを優先することです。そこをしっかり確立することができれば、そのあとゆっくり親の考えとなる知識や経験を教えていくことができます。

繰り返し「見せる」ことは最高の学び。「教える」段階に入った時の基礎に

好きなものが、イコールお金になるとは限りません。
市場がなければ、趣味に終わります。
大切なのは、**顧客とライバルの存在**です。
その2つの存在を確認することができれば、好きをお金に変えることができます。
そのためには、次の3つの要素の交差点を狙う必要があります。

親のビジネスを引き継ぐと成功確率が高まるのは、最初からこれら3つの要素が用意されているからです。

1つ目は好き（情熱と没頭）です。
自分で探そうとすると大変ですが、親が繰り返し見せることで得た好きの場合、今後も迷子になることもありませんし、好きを強化していくことができます。

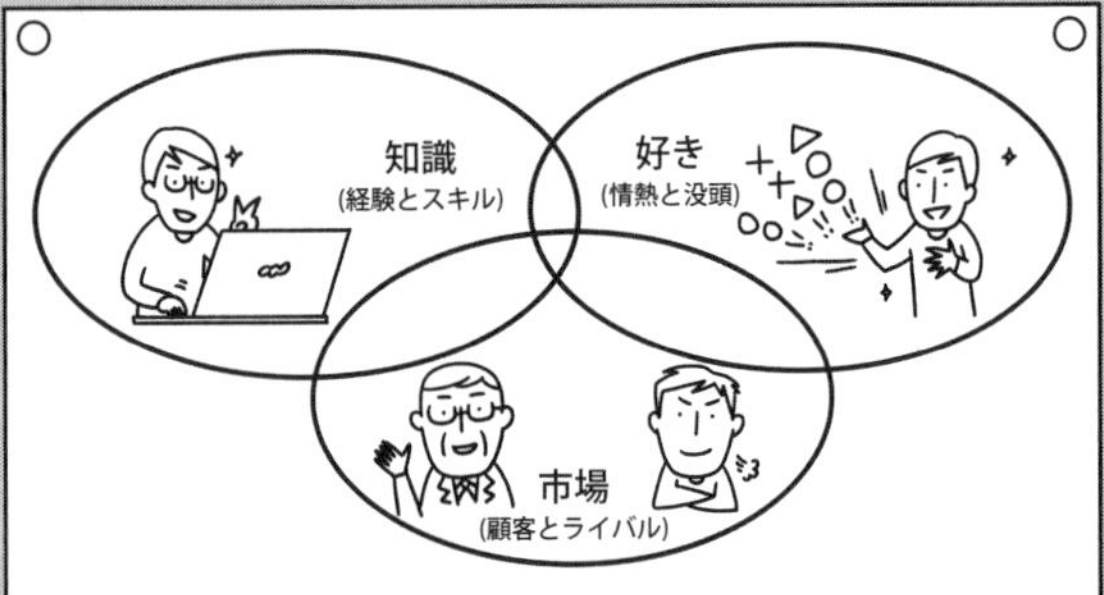

「好き」をお金に変える３つの要素と交差点

次は、市場（顧客とライバル）です。

親が今もなお活躍し、売り上げているとしたら、市場の有無について考える必要なく、規模を広げることだけに専念することができます。

最後は、知識（経験とスキル）です。

ゼロでは、荒波に立ち向かうことはできません。最低限の知識すらないと、詐欺師の格好の餌食となります。

多くの人が、新たな取り組みに対して、騙されたというのは、根底的な知識不足によるものです。

どの分野であれ、確実に成功を手に入れた

いというのなら、最低限の知識をベースに、アップデートしていく必要があります。

これら3つの要素は（説明せずとも）、親が子供に直接見せることで感覚値を磨いていくことができます。

この作業をせずに、子供を独立の道に放り出せば、人生に迷子に陥るのは目に見えています。

その一方で、親が子供に目指すべき道を引いてあげることができれば、他の欲を抑止することもできますし、振り回されることもなくなります。

「それって親のエゴじゃない？」

このように言う人もいるかもしれません。

医者の家に生まれた子は医師となり、政治家の家に生まれた子は政治家を目指す。

歌舞伎の家系に生まれれば歌舞伎役者となり、花道の世界に生まれれば花道家となる。

これは、親のエゴと言えますか？

文化の継承と呼ぶ人もいますし、本人が嫌がれば別の道に進むこともできます。

このように考えると、何もないよりベースとなる選択肢を持ち、人生について考えられるのは幸せなことです。

ちなみに我が家では、レムとリラに（四六時中）伝えていることがあります。


「大きくなったら、一緒にビジネスやろうね」

「うん。いいね」

「パパの会社をあげるから、レムもリラも社長になるんだよ」

「ダメ。リラは僕の会社の副社長」

「ヤダ。レムはコキ使うからリラは副社長やらない。リラも社長がいい」

「大丈夫。リラの分の会社もあるから、リラも社長になってね」

「ありがとう。パパ」


最近は、大人になっても自分のやりたいことが見つからない、という人が急速に増えています。

それは親が子供に対し、道を示さないからだと私は思っています。

「そんなことはない。私は子供に対し、習い事をさせたり、好きなことをやらせている」と言う人がいますが、習い事を始めた動機が曖昧であれば（友達がやっているなど）、少し嫌なことがあるだけで「止める」を繰り返し、迷走を生み出す根源を作るだけです。

その罠にはまりたくなければ、**親は子供に対して、もっと自分の活動を見せていかなければいけませんし、憧れられる存在になることが大切**です。

しかし、お父さんやお母さんが憧れにならないというケースもあります。また、サラリーマンの場合、環境的に子供に仕事を見せることができないので、憧れを作りにくい状況にあるといえます。

私の場合も例外ではありませんでした。サラリーマン一家だったので、親の仕事に対し憧れを感じるどころか、何をやっているのかもわかりませんでした。

そのため大人になるまでは、独立することも考えませんでしたし、ましてや自分がビジネスを起こすことも1ミリも考えもしませんでした。

そんな中、独立に対し夢と希望を抱かせてくれたのは、メンター（人生の指導者・以下先生）の存在でした。

メンターとの出会いは、インターネットを通じて、動画で先生を見たことです。

そこから先生のことを必死で調べ近づくことで、今の成功を手にすることができましたが、学べば学ぶほど自分がレムに対して、先生にやってもらったことを行ってあげたいと思うようになりました。

とはいえ、最初は先生に対し、嫉妬した時期もあります。

レムやリラが先生の子供として生まれてきたら、成功できる確率も上がるのでは？　と思ってしまったからです。

それがいい刺激となり、頑張る動機を得ることができましたが、しばらくの間は葛藤する時期が続きました。

そこから抜け出すことができたのは、先生と同じレベルの収入を取ることができるようになったからです。

収入がすべてではありませんが、生活レベルを上げていくことで憧れを見せることもできますし、一般とは違う考えを持つこともできます。

憧れを感じてもらうことができれば、わざわざアテンションせずとも、子供は親の背中を見ることでどんどん学びを深めていきます。

見せることが最高の学びとなり、「教える」フェーズに進んだ時の基礎を作ってくれます。

何度も見せることで、レムに基準値を叩き込んだ

多くの人は、基準値がありません。

すべて自分指標です。

そのため頑張っているという基準が低く、周りからしたら「全然やってない」というものは多々あります。

しかし社会に出たら、どの分野であれ、ライバルは必ず存在します。

学校の試験にしても、会社の出世にしても、ビジネスの売り上げにしても、すべてライバルがいます。

逆に、ライバルがいない場所は、魅力がなく、競争がありません。

大幅に定員割れしている大学、営業がひとりしかいない会社、誰もいない過疎地で開いたお店。

こんなところで頑張っても成功することはありませんし、進化・成長することもできません。

ライバルがいる中で勝つから面白いし、生きている実感を得ることができます。


「ブルーオーシャン」


一昔前に流行った言葉です。ライバルが見過ごしている場所で稼ぐ（戦略）という意味で捉えている人も多いかもしれませんが、ライバルがいない場所は、顧客もいません。

そんな場所で、少しの顧客を相手にしても生活の足しにすらなりません。

ブルーオーシャン戦略とカッコつけていう人は、腰抜けです。

ライバルも顧客も多いレッドオーシャンで勝てなくては、大して儲かりません。

子供にダサい姿を見せたくないというのなら、基準値を上げて、レッドオーシャンを攻めることです。

自らが先頭を切って、ライバルをなぎ倒す強い心があれば、どの場においても勝つことができます。


「レム。ビジネスは逃げたら負けだよ。戦いだから、ライバルに少しでも隙を見せたらダメだからね。常にいい状態で立ち向かい、有利な場所で戦うことも大事だからね」

「有利な立場って何?」

「以前、教えた市場のこと覚えてる?」

「うん。ライバルと顧客の溜まり場のことでしょ」

「そう。市場は他にもあるから、遅れたところに行くと有利に戦えるよ」

「え? そうなの」

「そうだよ。ライバルは沢山いても市場ごとに時差があるから、遅れているところに行けば楽勝だよ。コロナだってそうでしょ。同時に起こったように見えて、時差が発生したのと同じ。早いところで情報を収集し、遅れたところに持っていけば、どんなにライバルがいても勝てるでしょ」

「確かに。それはいいね」

「だからといって、過疎地に行ったらダメだよ。遅れるにしても限度があるし、ライバルも顧客もいないところでビジネスやっても儲からないから」

「うん。わかった」

この部分を見逃している人は大勢いますが、基準値を上げていくことで、激戦を勝ち抜くことができます。

私も最初から高い基準値があったわけではありませんし、各市場に時差があることも知りませんでした。

先生にピッタリくっつき、ビジネスのやり方、スピードを学ぶことで、今の考え方であったり、基準値を手に入れました。

1回あたりのプロモーションでは、最低1億円の売り上げ、書籍の原稿は1週間で書くなど、同じ取り組みであっても基準値が異なるだけで、得られる結果は大きく変わります。

それに、1000万円を基準にする人と一億円を基準にしている人とでは、見ている世界がそもそも違うので、戦略のきめ細やかさも変わってきます。

簡単に説明すると、同じプロモーションであっても、1つ1つのスピードが速い分、細かい取り組みにまで気を遣うことができます。またスピードが速いということは、数多くの仕掛けであったり、打開策を講じることができます。

やればやるほど、お金が舞い込む感覚です。

ただ、これも基準値が高いからできることであって、そもそも基準値の低い人が行えば、辛いだけです。

基準値はスピードだけでなく売り上げにも大きく影響するものとなりますので、最初は負荷をかけながら、強制的に行うことです。

ちなみに、私も先生に基準値を叩き込まれている時は、ジェット機に素手で摑まっている感覚でしたが、何度も繰り返していくうちに、先生の基準値を当たり前に感じるようになりました。

この光景を客観視した時、人間の能力は、基準値で大きく変わることも体感しましたし、怠ければ、すぐに退化することも知りました。

今、私の周りには、沢山の起業家や経営者がいますが、ビジネスの世界に長く残る人は、根底的に基準値を上げ続けている人です。

人間は、今日この瞬間も老いに向かっています。

一分一秒。時間が刻まれる度に、死は近づいています。

そんな中、基準値を高く持ち、キープしたいと望むなら、怠け心を追い出し、上げ続けるしかありません。

それが結果、ライバルを圧倒する売り上げ格差を生み出すことになります。

今、私は生きています。レムやリラに直接ビジネスを教えることもできます。

しかし、明日生きているとは限らないので、自分の考えをコンテンツ化し（書籍も含め）、自分がいつ死んでもいいように、準備を日頃から行っています。

このようなことを言うと、無責任という人もいるかもしれませんが、本当に無責任なのは、死ぬことを考えていない人です。

私の場合、私が死んでもすぐにサービスが止まることはありません。最低10年は、死んだことに気づかないような仕組みを設計しています。この仕組みがあれば、対価をもらった顧客に迷惑をかけることもありませんし、子供たちが行き先に迷うこともありません。

なぜなら、私の教えは、子供たちにとっての羅針盤となるものだからです。

そのことをレムやリラにも日頃から伝えていますし、明日も今日と同じように目覚める保証はないと言い続けています。

レムが座る席の位置付けや向きを変え、起業家としての認識を変えた

子供にビジネスを始めさせ、成功街道を歩ませたいと願うなら、顧客との接し方であったり、位置付けを最初に教え込むことが大事です。

ビジネスを行う上で、顧客からしてみれば、子供も大人もありません。男性、女性もありません。

あるのは、提供する側（販売者）と受け取る側（購入者）だけです。

そこには明確な線が引かれ、交わることはありません。

矢印で言えば、反対側を向いています。

これは、経営者と雇われる従業員も同じです。

同じ職場で働く仲間であっても、給料を払う側ともらう側とでは、考え方が相反します。

・払う側（経営者）は、できるだけ有能な人を安く雇いたい
・もらう側は（従業員）は、できるだけ楽して高い給料をもらいたい

根底的に矢印が真逆を向いているからこそ、会社経営を行う際、バランスを取るのが難しいと言われるわけですが、販売者になる時は、購入者が持つ消費者思考を捨て、提供する視点を持つ必要があります。

その第一歩として行うべきことは、子供を座らせる位置付け（向き）です。

私は、息子レムに対して、この位置付けだけは徹底的に教え込みました。

「レムは、将来、社長さんになるんでしょ。パパと同じ方向を向いて、お客さんと向かい合うんだよ」

「それともうひとつ。どの業種であっても先生という立場を忘れないこと。いいね」

「うん。わかった」

勉強会、グループコンサルティング、講演会などに同行させ、参加者側の席ではなく講師側の席に座らせ、将来、レムは講師になるんだということを体感（座らせる位置）させました。

それ以外にも懇親会の席では、私の横にピッタリくっつけ、顧客に対するアドバイスを生で見せつつ、同時に座らせる席に関しても、顧客の正面（私と同じ向き）に座らせることを意識しました。このようにすることで、レムは講師側のマインドを身につけていきました。

多くの人は、子供を会社や現場に連れていくことをしません。

仕事とプライベートを別に扱う傾向がありますが、社長は違います。

教育の一環として、早い段階から子供を現場に連れて行き、親の背中をステージを通じて見せますし、時にはステージに上げて、挨拶などを行わせ、披露することを考えます。

歌舞伎の世界では、1歳になったらステージに上げ、2歳になれば名前を言わせ挨拶させますが、まさに現場で教える教育の重要性を知ってのことです。

でなければ、泣き叫ぶ小さな子供をステージに上げようとは考えません。

代々伝わる伝統の中で培われた教育には深い意味があり、今もなお継続していっているということは、彼らたちが考える成功の定義に則り、行っているということです。

これは芸能だけでなく、経営者も同じです。

口にすることはしませんし、わざわざ公言することもしませんが、子供を現場に連れて行き、スタッフだけでなく顧客に披露するということは、雇われの人には決して知り得ない経営者だけが見えている将来の形がそこにはあるということです。

挨拶する場や顧客に慣れさせる

人は、緊張する生き物です。

初めから流暢に話せる人はいませんし、人前に立てる人もいません。

人前に立った瞬間、赤面し、頭が真っ白になるなんてことは、よくあることです。

プライベートならまだしもビジネスの世界では、そんな人は役に立ちません。

広く自分の考えを拡散して行くことができないので、収入の限界をすぐに迎えます。ビジネスは、単価×人数で売り上げが決まるので、顧客との接点や商談の数が売り上げに影響を与えます。そのため早い段階であがり症を克服し、場や顧客に慣れておくことが大切です。

「人前に出ないと収入を上げることはできないのですか？」

このように感じる人も多いと思いますが、表に出ないと言われるプログラミングの世界であれ、プレゼンする際は、自分の考えを人前で語る必要があります。

今の時代、ＩＴが発達したことで、人と接しなくとも生活できる環境が揃いつつあるのは確かです。

しかし、そのＩＴの先には、必ず人は存在しています。お金を払うのは人ですし、そこには感情が存在します。

ということは、あがり症を早い段階で克服しておかないと、将来、大きな損失が発生するということです。

私とレムは、コニュニケーション上手なのかと言えば、そんなことはありません。

日頃2人は、インドア派なので、基本、家に引きこもっていますし、表に出ることはありません。

エアコンの効いた涼しい部屋で、快適に過ごすのが好きです。

しかし、一歩外に出て、顧客の前に出たりテレビやラジオなどパブリックの場では、流暢に話すことができます。興味ある共通したテーマ。通じる仲間。そして慣れによるものです。

レムは基本、家にいる時は、他の家族とも話しませんし、私の妻には無愛想といつも怒られていますが、合宿など私の顧客と会っている時は、物凄く饒舌で、豊富な知識を溢れんばかりに披露しています。

「最初からできていたか?」と言われれば、そんなことはありません。

初めて会員さんに会わせた時は、地蔵のように固まっていましたし、挨拶すらできませんでした。

そこから何度も顔を見せることで徐々に慣れていき、今では他の経営者とも対等に話せるようになりました。

だからといって、私がレムに対し、強要するようなことは何もしていません。

現場に繰り返し連れていくことで、「ここは自分の居場所」ということを間接的に伝えていったということと、レムの会話に合わせることのできる顧客をあえて隣に座らせ、話し相手を務めてもらいました。

レムはリラと違って（リラは社交的）無愛想な性格なので、知らない人に慣れるまで時間がかかりますが、焦らずゆっくり場に馴染ませることで、違和感を消して行きました。

このようにすることで、今では2人の子供たちは、私の顧客を気の知れた仲間のように扱いますし、楽しそうに接することができています。

「レムは、もっと楽しそうに話して」

「リラ、うるさい」

「レムは、好きで得意なことは、お客さんの前でも楽しそうに話せるよ」

「そうなの？　いつもママは、レムは無愛想だって言っているよ」

「いいの。レムは、話の通じる人には、しっかり話せるから大丈夫」
「そうなんだ」

ただビジネスである以上、顧客と友達の線引きを行う必要はありますし、友達になってはいけません。

友達はお金を払いませんし、仲良くなればなるほど無料になります。ビジネスは下降に向かいます。

我々は、仲良しの友達を作るためにビジネスを行っているわけではありません。

世の中を良くするための同士は必要ですが、販売者と顧客という関係は保ちつつ、しっかり売り上げを上げる必要があります。

この線引きだけは忘れずに境界線を越えない関係づくりを行っていくことも大切です。

起業家マインドの育て方

- ビジネスの知識を教える前に、できるだけ多くビジネスの現場を見せる
- 子供が憧れを抱くような親の背中を見せる
- 繰り返しビジネスの現場を見せて、場や顧客に慣れさせ基準値を高める
- 座る場所を決め挨拶の機会を与え、起業家としての認識を持たせる

ステップ4

商品を実際に作り、ビジネスの流れを体感する

ビジネス全体の流れを把握せずに、商品提供することは不可能

多くの人は、ビジネスを始めたところで、お金を得るイメージができないといいます。

それもそのはず、世の中にいる大半の人はサラリーマンとして働き、ビジネス全体の流れを把握していない状態で、一部の業務を担当しているからです。

どこをスタート地点にし、どこまで行けばゴールを迎えるのか？

会社の規模が大きくなればなるほど、全体を把握しづらく、お金が見えなくなります。

一方で、会社の規模が小さければ小さいほどすべての業務を任されるので、全体の流れを把握することもお金の流れを知ることもできます。

「レム。将来、社長になりたければ、会社の売り上げを作ることが大事になるよ。そのために何をしなければいけないかわかる？」

「なんだろう？　商品を作って、売ることかな？」

「確かにそれも大事だね。でも、もっと大切なことがあるよ」
「わからないや」
「答えは、全体を見ることだよ」
「言い換えれば、ひとつの商品が売れるまでに、どこからお客さんがきて、どのような方法で買うのか？　そして、どういった商品を作れば、沢山売れるのかを考えることだよ」

小さな企業（ベンチャー）に入社した人の多くは、将来、独立する可能性が高い傾向にありますが、それはビジネスの全体の流れを知り体験することで、自分のビジネスに移行しやすい状態にあるからです。

その点、大企業は上手に行なっています。業務をできるかぎり細分化することで、独立心を阻害します。

教育には、時間とお金がかかります。

求人にかかる採用コストを考えれば、優秀な人に長く勤めてもらう必要があります。この観点を抜きに考えてしまうと、独立だけでなく、自社のノウハウを他社に持っていかれることもあります。

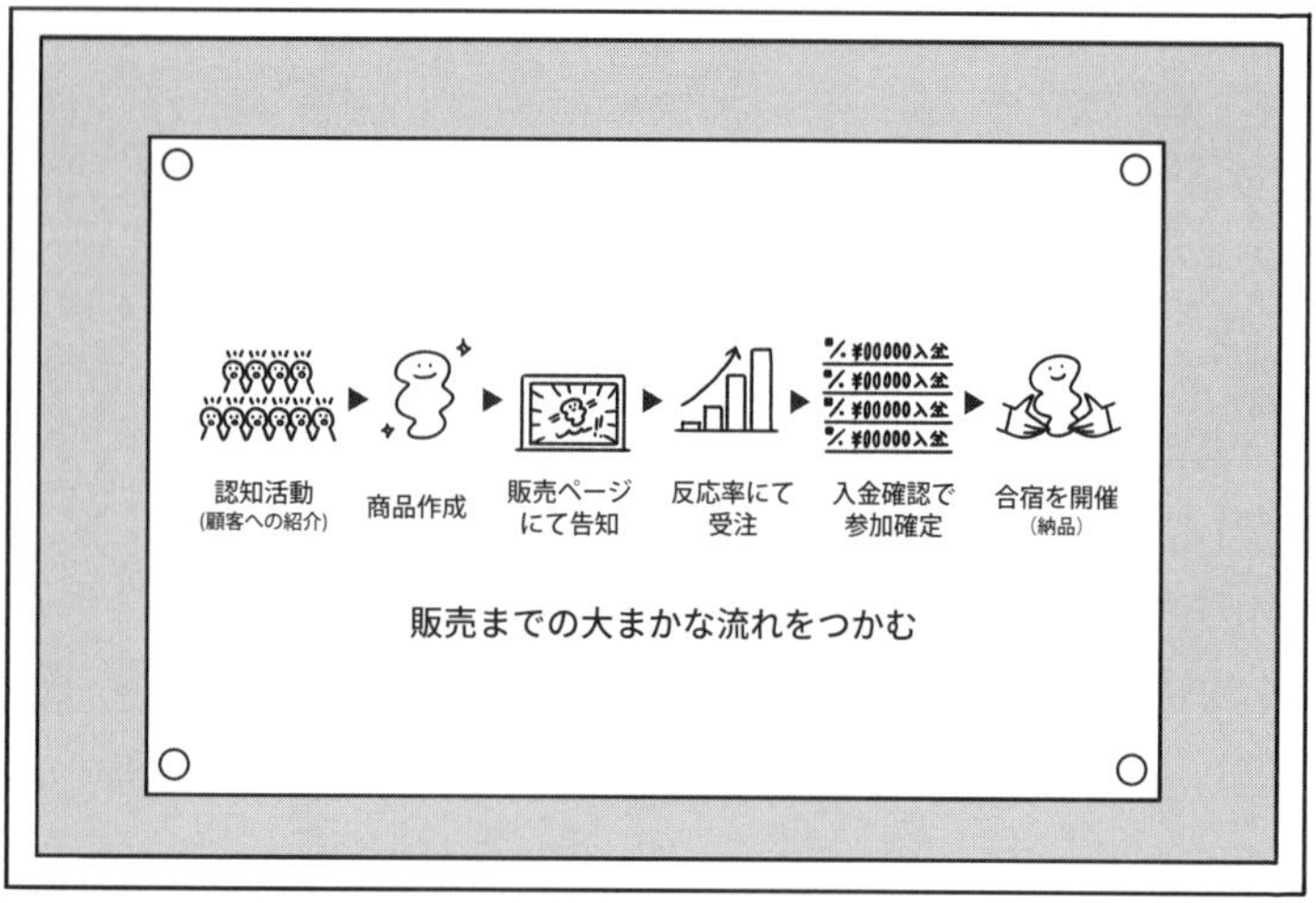

販売までの大まかな流れをつかむ

それを避けるためには、会社経営を行う立場になったら、業務を分散し、独立心を芽生えさせないことも大切です。

ただ、これはずっと後の話です。自分が独立を叶えなければ、社員を求人することはできません。

まずは、自分自身ですべての業務を体感し、全体の流れを知ることです。

そうすることで、何を商品化すれば売れるのかが見えてきます。

直接、顧客に触れる、声をダイレクトに受ける、ジレンマの根源を知る、このようなことの解消策が商品となります。

顧客と接しながら商品を作るのと、営業か

らの又聞きで商品開発を行うのは、雲泥の差です。

大手企業に勤めている人は、顧客に会わずとも数字で判断できると言うかもしれません。確かに、ビジネスを行う上で、数字は正確な判断材料です。

しかし、それはある程度商品が売れてからの話であって、最初の一個が売れる（数字が出る前）までは、顧客との触れ合いは絶対に必要なことです。

この考え方なくして、数値や傾向性だけで商品化を進めてしまうと、蓋を開けたら在庫の山なんてことになりかねません。

自分でビジネスを行っている起業家には、降格も左遷もありません。

あるのは、得したか、損したか、2択です。

損したくなければ顧客に会い、話を聞くことです。

自分のところに顧客はいなくともライバルには大勢いますし、実績評価で顧客の数や顧客の声を掲載しているところもありますので、少し視点を変えるだけで、自分はゼロではないということに気づくはずです。

「この間、○○のＣＭを最近よく見ると教えてくれたけど、広告をずっと出しているということは、売れている可能性があるから、似たようなものを出せば、失敗する確率を減らせるよね」

「そういえば、他にも△△の商品もよく見るから、儲かっているのかもね」

「いい視点だね。そこまで気づけるようになったら、もう少し確実性を持たせるために、パパのお客さんなら、今までレムが見てきた商品の中で、何を欲しがると思う？」

「そうだね。パパのお客さんは社長さんが多いから、新しい広告に関するものだったり、求人のシステムなんかがいいのかな？」

「そういったものは、喜ぶかもね。パパのお客さんは、レムのお客さんでもあるから、お金をすでに払ってくれた人をベースに次の商品を考えておくといいよ。そうすれば、レムが案内すればするほど、お客さんは買ってくれるから、その視点を忘れないで」

「わかった。色々、アンテナはって見ておくね」

ちなみに、今勤めている会社と同じ業種で独立する場合、将来のライバルの顧客に生で接していることになります。

私はサラリーマン時代、このことに気づくことができたので、独立後の仕事は同業種ではありませんが、ビジネスとして重なり合う部分は、積極的に他部署に足を運び、現状の数字であったり、動向や推移などを教えてもらっていました。

この時の経験があるからこそ、独立した後も無駄なく売り上げに繋げることができました。

近い将来、自分の子供を起業家デビューさせたいというなら、ビジネスの全体の流れを把握させることを意識付けしてください。

ビジネスを立ち上げる上で大事なのは、一人目の顧客。すべてはここから始まる

ビジネスは、たった一人の結婚相手を探すのとは違います。

多くの人に商品を届け、売り上げを積み上げていくことが大事です。

だからといって、一人にも相手にされない人が、いきなり大勢を対象にしても輪郭がボヤけます。

「ターゲットを考える際、ペルソナ（仮面）を考えるといい」と語るコンサルタントがいますが、私は最初からターゲットやペルソナなど決めずに、自由に発信し、商品を買いたいという人をベースにターゲットを決めるほうがより現実的だと考えています。

そこで獲得した顧客3人の共通点を知れば、大枠の概要は見えてきますし、5人、10人と数を増やしていくうちに、ボヤけていた輪郭《りんかく》は鮮明になります。

そのための第一歩は、一人目の顧客です。すべてはそこから始まります。

「レム。ビジネスを立ち上げる上で大事なことは、ひとり目のお客さんだよ」

「たった一人でいいの？」

「そうだよ。考えてみて。一人のお客さんもいないのに、広げていくことできる？」

「できないね」

「でしょ。だったら最初からたくさんの人のことを考えても意味ないよね」

「そうだね。でも、一人のために考えた商品が、他の人に売れなかったらどうする？」

「そこは心配ないよ。世の中、一人だけが買う商品はないから。同じような考えの人はいるから大丈夫。

それより怖いのは、ゼロは1と違って。ずっとゼロのままなんだ。だから、ひとつ売ることは大事だよ」

「わかった」

「そこで最初のひとつが売れれば、2つ目、3つ目と数が増えていくうちに、お客さんの共通点も見えてくるからもっと売りやすくなるよ」

「確かにそうだね。でもパパ。そうなると、最初の一つめの商品は、何を基準に案内すればいいの?」

「すでに顧客さんがいる場合は、目の前のお客さんが買ってくれた商品の次を考えればいいし、お客さんがいない場合は、ライバルで売れている商品をベースに、レムが好きなように発信すればいいよ」

「そんな適当でいいの?」

「それでいいんだ。最初は、どんなメッセージが響くかわからないから、好きに発信して、そのメッセージに響いた人が勝手に集まってくるから、最初から色々決めることは逆に可能性を狭めてしまうんだ」

極論を言うと、この段階で商品を用意する必要はありません。

まだない商品をひとり目に売ることで、売れる商品かどうかを知ることができます。

「それって詐欺では？」

このように思う人もいるかもしれませんが、慌てないことです。

商品を先に売ることは、詐欺ではありませんし、約束した商品が、後から届くというだけです。

それに商品がまだ存在しないということは、過大広告のリスクを軽減することができます。

いくらでも継ぎ足しが行えるからです。

そういった意味では、最初から商品がないほうが売りやすいということです。

その際、注意もあります。

売れるからといって、いい加減なことを言えば、信用はなくなります。

顧客は商品を買っているようで、人を見て買っています。

世の中、似たような商品がごまんとある中、自分から買ってもらうためには、信用、信頼は必須です。

この根底部分を忘れてしまえば、一時的に売り上げることはできても長期的なビジネスはできなくなります。

作れる可能性がないものは、そもそも扱わないことです。

もし自分の力だけで商品を完成することができなければ、できる人に依頼すればいいことです。

事前に相談し、目星だけつけておけば、受注後すぐに作成に取り掛かることもできます。

検証なき商品を売ることに抵抗を感じるというのであれば、すでに商品化されているライバルの商品を代理店として扱わせてもらうことです。

ライバルの代理店になるメリットは、すでに商品化されていて、売れている実績があること（サポート含め）、販売したあとも、顧客にマッチしている商品なら、リピートの段階で自社の商品に切り替えてもらうこともできます。

このように総合的視点に立ち考えた場合、商品をいきなり作り売れないリスクを考えるより、確実に売れることを実感するまでは、ライバルを協力者にする考えも大切です。

ライバルは視点を変えれば「味方」です。敵ではありません。

それに売れるかわからない商品を最初の段階で作ってしまえば、損を被ることもありますので、まずは、作るより売ることを考えることです。

それも、一人の顧客に売ることです。一人にも売れない人が、2人、3人と顧客を増やしていくことはできません。

一人の顧客に売った瞬間、未来の可能性は開き、すべての物語が始まります。

商品を作った瞬間に見えてくる新たな課題を乗り越える力があるか

ビジネス初心者とプロとの大きな違いは、課題に出会い、乗り越える力があるかどうかです。

課題に出会うということは、新たな成長を感じるきっかけであり、乗り越えた先には、もうひとりの自分に出会うことができます。

神様は乗り越えられる試練しか与えないと言いますが、試練とはまさに課題のことです。

人は進化する過程で、必ず課題に出会います。

スタートからゴールまで、スムーズに進むことはないのです。

ちなみに私の場合、起業してからは7年サイクルで物事を考えるようにしています。**種を植え（企画1年）、水を撒き（拡散2年）、苗を育てることで（実績2年）、刈り取りを迎える（評価2年）**

私の場合、7年で起業家を卒業し、オーナーステージに入ることで新たな働き方にシフトしました。

映画の分野に入った時も同じです。まだ7年は経っていませんが、3年目に入った今は少しでも多くの映画に出演することで、認知を広げ拡散に力を入れています。そこでの取り組みが少しずつ評価され、世界のコンクールで賞（アメリカ3つ、イギリス1つ）を取ることができました。

しかし、多くの人は、社会に出て、一度就職したら、定年まで同じ毎日を繰り返します。学校教育の時のように、わかりやすいスタートとゴールがない状態です。

それより枠組みを変えて、サラリーマン↓フリーランス↓実務家↓起業家↓オーナーとステージを変えて行くほうが、進化を感じることができますし、青天井で収入を上げていくことができます。


「レム。今回、パパのお客さんに商品を提供するけど、商品を作るだけの人になったらダメだよ」

「どういうこと?」

「ビジネスは、お客さんを集めたり、商品を販売したり、色々なことをして、お金を得ることができるから、商品を作り案内することができたら、他のことも徐々に覚えていこうね」

「どんな仕事があるの?」

「集客やセールスについて、今はわからなくてもいいけど、今後、ゆっくり教えていくね。商品を作ることだけじゃないから忘れないで」

「わかった」

「その視点さえ持っておけば、社長になることができるからね」

「うん」

この視点を持っておけば、商品に関しての姿勢も変わります。

期間を決めて、枠組みを作ることで、新たな課題を見つけることができます。

期間があるからこそ、本領発揮することもできますし、同じやり方で解決できなければ、別の方法論を模索することもできます。


今回レムは、ビジネスを始めるにあたって、自分の商品の商品化を進めていましたが（顧客に提供できる状態まで）、趣味で行っていた時とは違い、ゴールへのコミット力が段違いに変わりました。「もっと」「もっと」という思考に変っていったのです。

「まだ寝ないの？　もう遅いよ」

「もうちょっと」

「どうしたの？」

「他にいい方法を見つけたんだ」

「前の方法はだめなの？」

「別に大丈夫だけど、こっちのやり方のほうが早いし、負荷もかからないから。それにひとつ目の方法が使えなかった時の予備も考えると、他の方法もあったほうがいいでしょ」

「そうだね。合宿は時間が限られているから、バックアッププランがあったほうがいいね」

「でしょ。だからもう少し頑張るよ」

商品提供が完全終了するまでは、時間を惜しんで色々な方法を模索していましたし、課題にぶつかってもメゲることなく弱音を吐かずに問題が解決するまで向き合っていました。

自分の中にある情報だけで解決できなければ、世界中に広がるプログラマー仲間に問い合わせ、効率的かつ最適な回答を探し続け、諦めませんでした。

その結果レムは、同じゴールであっても、ひとつの方法だけでなく複数の解決策を手に入れることができました。

商品の先にある結果を見ることを教えたら、大きな視点で物事を見られるように

そんなレムも、最初から根気強く課題について、向き合えたわけではありません。

小さな課題であればすぐにクリアーできましたが、難易度が上がり難しさが増すにつれ、簡単には解決できません。答えを見つけることのできない時間がストレスとなって、レムに襲いかかります。

今回は、初の商品（起業家デビュー）ということもあり、できるものだけをメニューに加えてはいましたが、変化の早い分野でもあるので、仕様が大きく変わり、提供する頃には、使えないなんてものもありました。

しかし、お金をもらっている以上、できないでは通用しないので、なんとしても解決するしかありません。

小さなことに目を向けてしまうと、見えない罠にどんどんハマるだけなので、私はレムに「商品の先にある結果を見るように」と伝えました。

「商品は壁」

私が、先生から教えてもらった言葉です。

顧客は商品にお金を払っているようで、実は、**商品は願望を叶える手段でしかなく、そ**

の先にある結果にお金を払っていることを教えてくれました。

しかし、商品しか見ることができない人は、その先にある願望を見過ごしがちです。顧客が何にお金を払っているのかを知れば、商品に拘ることはなくなりますし、執着を捨てることができます。

レムにこの発想を与えてから、彼は大きな視点で物事を見れるようにもなりましたし、アングルを変えたアプローチも思いつくようになりました。

この考え方をレムに伝えた後、レムの中での発想と視点が一気に変わりました。解決策に出会う速度だけでなく、解決策の数が圧倒的に増えました。

このモードに入った時のレムは、止まりません。アイデアが溢れんばかりに出てくるようで、昨日なかったものが今日にはあるという状態が続きました。

「パパこれはどう？」

レムの口癖になりました。

レムは、顧客と直接関わっているわけでないので、最終ジャッジは、私が判断することになりますが、レムとやり取りを重ねれば重ねるほど、この短期間での成長を感じました。

しかも、商品ではなく結果に目を向けるようになったレムの視点は、俯瞰した状態での先読みを叶え、色々なジャンルに興味を持つようになりました。

プログラムで解決できないものはサーバー側で対応したり、セキュリティーに問題があればハッキングから逆算し防御システムを構築するといった具合です。

最近のレムは、ジャンルに対し垣根を超えているので、進化の速度が止まりません。

一昔前にＩＴ時代のことをマウスイヤーなどと表現する人がいましたが、１ヶ月も経たないうちに色々なことができるようになるので、ＩＴの可能性をより実感できるようにもなりました。

また、レムの特徴として面白いのが、新しいものだけでなく、古いものにも興味を持つことです。

例えば、１９８９年3月12日、イギリスのコンピュータ科学者ティム・バーナーズ・リーがセルンにて作成した世界初のウェブサイト（https://worldwideweb.cern.ch/browser/）であったり、このサイトをきっかけに、ワールド・ワイド・ウェブと名付け、そこからWWWが生まれたことなど、新しいことを調べていると思ったら、起源に関するものを調べ、幅広い知識と見解を持ち始めていたことです。

今後、生まれてくる子供たちは、インターネットが常識になるので、能力を解放したら、アナログの世界とは比べものにならない進化を遂げることが予想されます。

環境が変わることで起こる予想外の障害を覚悟させる

ＩＴの分野では一般常識とされていますが、環境や端末が変われば、得体の知れない障害に出くわすことがあります。

世界で名を連ねる会社には、精鋭と呼ばれる人が揃っています。

それにも拘らず、顧客の元に商品が届くと、パソコンが動かないことがあったり、画面が表示されないというのは、よく聞く話です。

我々も当然のことながら、合宿を開催する前には、十分な準備をしましたし、様々な端末で導入検証も行ってきました。

しかし、環境や端末が変われば、予想外のことが起きます。

初の合宿。限られた時間の中で、すべての顧客に納品しなくてはいけません。

しかもＩＴに疎い人ばかりなので、顧客に手伝ってもらうことができません。

丸投げパックと謳っている以上、すべて運営者側で行う必要があります。


顧客が持ち込んだパソコンやスマホを借りながら設定作業を行いつつ、画面が表示されないという問題が発生したら、その場で解決策を探し、ゴールに駒を進めていくことになります。

今回、「ＲＥＭｓパック」は、７つの商品がパッケージされていたので、順番を入れ替えたり、ダウンロード時間を上手に活用するなどして、重圧に押し潰されないようにレムのメンタル管理を行っていきました。

その指標を知ることは簡単です。

レムが、妹のリラに対して強い口調になってきたら、キャパオーバーになりかけている合図です。その動向をチェックしつつ、感情のコントロールを行えば、短期間でも最高のパフォーマンスを発揮することができます。

一番いけないのは、こういった状態を見ることなく、責任感だけでプロジェクトを遂行することです。

人間の能力は、いい時に発揮されるクリエイティブと悪い時のクリエイティブは比較になりません。

私も書籍を書く際は、書く内容以前に、感情を調整しＩＱを下げない取り組みを行いつつエネルギー調律（状態）を意識します。

不安な時に書いた文章は、攻撃的になりますし、なんと言っても筆が進みません。

書いてはまた消し、書いてはまた消しの繰り返しです。

しかし、自分の状態管理がしっかりできていれば、物凄い勢いで書くことができますし、次から次へと言葉が浮かぶので、内容が詰まることがありません。溢《あふ》れんばかりに文字が出てくるので、気づけば一つの章が終わっていたなんてことはよくあることです。

それほど何を行うにしても状態を管理するということは大切です。

そして、もうひとつは、エネルギー調律です。人はエネルギーを循環させ生きています。

このエネルギーは大きく分けて2つあります。

・自分の中にあるエネルギーのことを「インターナルエナジー」と呼び、
・自分以外が発するエネルギーのことを「エクスターナルエナジー」と言います。

これらの言葉を初めて聞いたという人のために、簡単な説明と注意点および活用法をお伝えします。

インターナルエナジー（自分の中）は、睡眠が一番影響を与えます。

睡眠がホルモン生成に影響を与えるからです。疲れたら眠くなるのは子供の頃の話で、歳を重ねることで眠れなくなるのは、睡眠に入る際、パワーを必要とするからです。

エクスターナルエナジー（自分以外）は、他人や場（空間）に左右されるものです。

良いエネルギーを体内に取り込めば、プラスの循環を調和させることができますが、悪いエネルギーに汚染されれば、周りに影響を受け、本領発揮することができなくなります。

このような2つのエネルギーを意識して使いこなせるようになると、短時間で最高のパフォーマンスを発揮することができます。

障害やストレスに対応できるメンタルを育て、強化していく

結局のところ、**ビジネスで成功するか否かは、精神力（メンタル）**が成否を分けます。

どんなテクニックを使おうが、やり方だけで成功することはありません。

同じ商品を扱っていても成功する人もいれば、廃業を余儀なくされる人もいます。

私も独立してから10年が経ちましたが、これまで一度も失敗したことがないのは、他の人より精神力が強く、メゲるどころか成功するまでしつこくやり続けることができるからです。

他の人より高い売り上げを作ることができますし、ライバルに負けることがありません。

だからといって、根性論を伝えるつもりはありません。それは昭和のやり方であり、やる気や頑張りだけで売れるほど、ビジネスは甘くありません。

大切なのは、**「精神を強化するワーク」**です。

今やビジネスも科学です。根拠なき方法は流行りません。

しかし、科学に則った方法を取ることができれば、強い精神力を身につけることもビジネスの現場で使いこなすことも可能です。

この方法を使いこなすためには、教育者の塩梅が重要です。

最初から強い精神力を持っている人はいません。特に、ビジネスの現場となると、みんなひ弱です。

「そんなことない」と言う人ほど、弱く脆いものです。

それでも反発する人は、1億円の借金を背負うことを想像してみてください。

そこで吐き気がしたら、経営者としては失格です。精神が弱い証拠です。

会社の規模にもよりますが、1億円程度でビビっているようじゃ会社など回せませんし、事務所を借りたり、人を雇うことはできません。

結局のところ、使うお金を増やさない限り、売り上げを大きくすることはできません。目安は、掛けた金額の10倍がリターンとなります。広告費に置き換えるとわかりやすいかもしれません。

広告に1億円を使えば、売り上げは10億円となりますし、1000万円であれば、1億円の売り上げです。

このように文字に書くと楽に見えるものでも、実際に払うとなると、震えます。こんな状態では、10倍のリターンは叶いません。

掛ける金額が1000万円であれ、1億円であれ、何度も支払うことで、**掛け金と友達になれます。**

それを叶えるためにも、精神のワークは必須となります。

アプローチ法は色々ありますが、わかりやすい方法をひとつお伝えすると、お金を使うことです。

最初は、10万円。次に1000万円。その次は3000万円。という具合に使う金額を上げていきます。

このようにすることで、自分の基準値を超えた瞬間に抵抗を感じ、苦しさに出会います。

そこが、今の自分の限界値です。

その限界値に慣れ、金額を上げていかない限り、売り上げも頭打ちとなりますし、何らかの訴訟が発生し損害賠償金の請求が来た際に（自分のキャパ許容範囲を超えていた場合）精神は崩壊します。

それを避けるためにも、日頃から「精神を強化するワーク」を行い、強くしておくことです。でなければ、少しのクレームが来ただけで参ってしまい、折れる可能性があります。

クレーム客は、遠慮がありません。こちらの精神力など関係なく金属バットを持ち出しフルスイングします。

「精神を強化するワーク」というのは、売り上げだけでなく、クレームや障害にも対抗できるものとなりますので、早い段階から取り組み、徐々に負荷をかけていくことです。

それだけで、売り上げの桁を一気に上げていくことが可能となります。

今回、私は、レムをデビューさせるにあたり、精神を強化することは考えていませんでした。

なぜなら、まだ子供ですし、私が守ればいいと考えていたからです。

とはいえ、12歳の子供がビジネスを行うということは、並大抵のことではありませんし、物凄いプレッシャーになることは予想できていましたので、事前に顧客に合わせ安全な環境だということを感覚的に伝えることを意識してきました。また、リラを会場に連れていくことで、ガス抜きすることも考えました。

ただ、これは何もトラブルがなければ、という前提条件つきなので、少しイレギュラーなことが起これば、精神にダメージを受けます。

事実、今回、その影響はモロに出ました。

日頃、怒らないレムが顧客に噛み付いたのです。

元々、おっとりした性格なので、大きな声を出したり、喧嘩することはありませんが、それでもレムは反発し、場の空気を凍らせたのです。

今まで、このようなことはなかったので、私もビックリしましたが、限界に達していると感じたので、2人でお風呂場に行きました。

「レム。プレッシャーなのはわかるけど、お客さんに怒ったらダメだよ。今回レムは販売者なんだから。伝わりにくいことがあったらパパに言って。パパから説明するから」

「わかった。ごめんなさい」

「今回、レムは凄いよ。障害が起きても投げ出さず、しっかり考えて、1つ1つこなしているんだもん。本当に偉いよ」

この出来事があったおかげで、レムはまた強くなりましたし、結果的に「精神を強化する」ワークを行うことができました。

起業家マインドの育て方

- 商品作りなど一部分だけを見せるのではなく、ビジネスの全体を見せる
- 売れているものと顧客の願望をリンクさせた思考を持たせる
- 商品ではなく、その先にある結果を見ることでアイデアを育てる
- 環境の変化によって起こる障害やトラブルを、想定内のこととして覚悟させる
- 障害やストレスに対応できるメンタルを育て、強化していく

ステップ5

全過程をオープンにし、販売者の意識を高める

エラーやトラブルは100％発生することを前提に、準備する

ビジネスを行う上で大事なことは、販売と提供の切り分けです。分けて考えると、ゆくゆくは、ビジネスを安定させ拡大させることもできますし、自動化も可能となります。

サービス提供の部分は商品を販売した後なので、マニュアル化しやすく、型を固定しやすい状態にあります。

販売の部分は、時流やブーム、大衆心理に影響されやすく、売れる型（パターン）が決めにくい状態です。

それが故に、レムにはビジネスに慣れさせるためにも、難しい販売の部分ではなくサービス提供の部分を担当させました。

いわゆる商品であったり、サポートの部分です。

この領域であれば、型を決めやすい分、個々に合わせることなく、ひとまとめにできま

す。
特に今回、レムが提供する商品は、代行でソフトのインストールなどを完全お任せで行う丸投げパックという形式であるため、時間的制限を考えると、最初に型を決め、ベルトコンベア方式で処理していく必要があります。

ひとつ作業して、終わったら次の端末に、そして終わったら次の端末に、といった具合です。

そのベースがあるからこそ、作業を進めていくうちに上手にもなりますし速度も上げていくことができます。

「レム。とにかく合宿は時間との勝負だから、事前に形を決めて、時間を無駄にしないようにしよう」
「わかった。ダウンロードなど時間がかかるものもあるから、その間にできるものを別で行うようにするね」
「それと、コインを作る際に、名前とアイコンが必要になるから、その部分は事前にお客さんに案内し、用意してもらえると助かるかな」

「他に、お客さんに伝えることはある？」

「今のところはないけど、また出てきたら、その時に言うね」

ＩＴ関連の商品は、端末や環境によって影響されることも多く、エラーが出ることも考慮しながら、進めていかなくてはいけません。

まとめられるところはまとめ、個別対応が必要なところは切り分けて考える。

この当たり前のことを、当たり前にできるかが勝負です。

多くの人は、この当たり前ができません。

会社に勤務し、決まった業務の中では理解することができても、いざ自分が商品を作り提供する側になると、エラーの存在を忘れてしまいます。

冷静に考えればわかると思いますが、大きな企業でもエラーを完全に排除することができないのに、これから始める小さな規模の会社あるいは個人が、エラーを完全排除することなどできません。

「エラーは１００％発生する」

最初から折り込み済みで対応策を考えておかないと、タイムオーバーとなり、すべての納品を終わらせることはできません。

その上で、何もなければ御の字です。

残りの時間は、顧客との会話を楽しんだり、さらなる要望があるようであれば、追加フォローすることで、ビジネスを次に繋げる可能性を高めることができます。

そのためレムには、合宿の前にあらかじめパターン化できるところは自分の中で型を作り、合宿当日に慌てないよう事前準備をしっかりさせました。

イレギュラーが起こること前提で、様々なことを考慮しながら進めることを徹底しました。


「当日は、何が起きるかわからないから、慌てないように色々準備しよう」

「そうだね。環境によって変わるし、できることは今からやっておくよ」

「それに、今考えているやり方が使えない場合もあるから、他のやり方も探しておくね」

「それはいい心掛けだね。合宿、楽しみだね」

このやりとりが功を奏し、合宿中に予想外のトラブルが発生したにも拘らず、レムは冷静を保ちながら、感情に振り回されることなく淡々とトラブルに向き合うことができました。

これはレムが凄いのではなく、基準値の問題です。

・日々いいことをしていれば、肝心な時にエラーは発生しないと思い込んでいる根拠なきプラス思考信者

・日々の自分の行動とは関係なく、環境によってエラーが起きるのは百も承知と考える客観的思考者

プラス思考でいれば、悪いことは降り注がないと思い込んでいるのは、危険なことです。そんなわけはありません。プラス思考でいてもマイナス思考でいても、悪いことが起きる時は起きますし、避けることはできません。

大切なのは、悪いことが起きた際、どのように対処すれば最善を尽くせるのかということ

とです。

生きている限り、嫌なことや悪いことは起こると、認識しておくことも大事です。

知識を増やし、経験を積み上げることで、どんな問題に対しても応戦できる自分を作っておくことです。それが結果、自分を強くし、周りから頼りにされる存在になることができます。


「レム。合宿中にトラブルが起こるのは当然だからね」

「その時怒ったら知能は下がり、問題解決が難しくなるから、そういう時は、ゆっくりやろうね」

「正解は作り出せるから、障害に振り回されないようにしよう」


ちなみに、収入が億を超えてくると、プラス思考もマイナス思考もなくなります。いわゆる**「フラット思考」**と呼ばれる領域に入ります。

この領域にいる人は、正解、不正解を感じることもありません。

世の中すべて幻想と考え、自分がいいと思うものを正解にしてしまうパワーと顧客を持っています。
区分すると、次のようになります。

・マイナス思考は、年収数百万円（新聞やネットニュースでネガティブに汚染された人たち）
・プラス思考は、年収3000万円以下（プラス思考にいる世の中の2割を相手にする人たち）
・フラット思考は、年収1億以上（正解、不正解をジャッジせず、物事のすべてを平に考える人たち）

今後、収入を上げていくためには、世にある思い込みを排除していくことが大切です。

今あるもの全ては誰かの都合で作られた世界幻想にすぎません。そこに乗るか、作るかで人生は、大きく変わります。

「憧れを抱かせる」から始まり、ビジネスのすべての過程において「見せる」ことは大事

今まで息子のレムは、ビジネスを行ったことがありません。

好きなパソコンをいじりながら、色々なことに興味を持ち、できることを増やしていったにすぎません。

まさか本人も日々の取り組みが、お金になるとは微塵も想像していなかったと思います。

しかし、今回レムの一言をきっかけに、商品化を進めることになったわけですが、まさか自分がビジネスを行うことになるとは信じることができないのは無理もありません。やったことがないからです。

しかし、経験がないという理由だけで、可能性の扉を閉じたままにするのは勿体ないことです。

自分がビジネスを始める時には、先生をつけ先導してもらいましたので、レムが起業家

デビューを叶える際にも、私が先導しようと決めていました。

手取り足取り1つ1つ一緒に確認しながら進めていくことで、12歳の子供でも不可能を可能にします。

多くの人が起業を成功させることができないのは、仕事とビジネスを混同し、素人には真似できない技の数々が潜んでいることを見過ごしていることに気づけないからです。

正しいやり方を先生（できる人）から教えてもらい、何度も練習することでできるようになっていきます。


「ビジネスを成功させるには、環境や道具だけではなく、教えてもらう先生が大事だからね」

「僕もビジネスの先生をつけたほうがいいの？」

「レムは必要ないよ。パパがいるから、他の先生はいらない」

「お父さんやお母さんが社長の場合は、その人たちが教えればいいんだ」

「でも多くの家庭は、サラリーマンでしょ。その場合、ビジネス経験がないから教えることができないんだ」

「そういう人はどうするの？」

「起業経験のある先生をつけて、教えてもらうしかないね」

「独学ではできないの？」

「それは無理だね。ビジネスは教えてもらえれば簡単だけど、やったことがないものを実現させるのは難しいから……。独学でビジネスを行う人のほとんどは、お金をケチるばかりに失敗するんだよ」

「そうなんだ」


子供にビジネスを教える最**初のステップは、「見せる」**ことです。

この「見せる」は、色々な場面で出てきます。

別の章でもお伝えしたように、憧れを抱かせるところから始まり、全体像の把握から細部に至るまで、すべての工程において、「見せる」は大事です。

その「見せる」をしっかり行うことができれば、あとの苦労を軽減することができます。

特に今回、レムは自分の商品を販売することで、徐々に自分の中の認識を変え、バンジージャンプの踊り台に乗せられる気分となります。

今まで自分の中だけでやっていた趣味の領域を離れ、見えない恐怖と遭遇しなければいけないのです。

ましてや、そこにお金が入ればなおのこと、恐怖は倍増します。

だからといって言葉にすれば、レムの意識が恐怖に向くこともわかっていたので、あえて心境を聞くことはしませんでした。そのほうが自由にやれることは分かっていましたし、いらぬ恐怖を与え障害になるのは得策ではないと考えたからです。

ただ、この時ばかりは、細心の注意を払い意識が壊れないように、レムの表情や言動を細かく見るように、都度チェックすることは忘れませんでした。お金は魔物です。人を幸せにすることも壊すこともあります。

おかしな話ですが、何も悪いことをしていないにも拘らず、恐怖に支配されてしまうのは、お金が持つ責任の大きさに重圧を感じるからです。

遺産を巡り殺し合いが行われたり、倒産することで自己破産を余儀なくされるなど、お金に対するいいイメージを持っている人がほとんどいません。

しかし、その考え方を根底から変えない限り、この先もお金に縛られながら生きていくことになります。

そもそもお金とは、交換ツールにすぎません。

物々交換を行っていた時に、保存の関係で腐らないお金を間に挟んだだけです。

そのことがわかれば、お金によって人生を狂わされることもありませんし、見えない恐怖に縛られることもありません。

こういったこともレムには、幼少期の頃から遊びを通して教え込んできたので、お金に対する執着がほとんどありませんし、他の人より恐怖に感じる度合いも減ってきています。

具体的な事例をひとつ話すと、妹のリラにお土産を買ってあげるというものです。

我が家のルールの中に、どこかにお出かけしたら、お土産を1つ買ってあげるというものがあります。

リラは性格上、目についたものをすぐ買うという考えを持っていますが、レムは、これまでの経験の中で待てば待つほどいいものに出会う確率が上がったため、その場の感情に振り回されることなく、吟味《ぎんみ》を重ねいいものを探すという考えを大切にしています。

それが故に、お出かけしてもお土産を買えないことも多く、ストックしている状態です。

今回は買えなかったから、次の時に2つ買うというものです。

ただレムの性格上、次の時も吟味を重ね、2つが3つになることも珍しくありません。

お出かけを重ねれば重ねるほど、どんどんストックが増えていく一方です。

それを尻目に見るリラは、「お兄ちゃんの分をリラが買う」と言い出します。

始めのうちは、レムも反論し、怒りあらわにしていましたが、今では何かを手伝ってくれたら、お土産の権利をひとつあげる交渉材料にしています。


「リラ。ジュース持ってきて」

「なんでリラが持ってこないといけないの？」

「持ってきてくれたら、僕のお土産の権利のうちひとつあげてもいいよ」

「いいの？」

「持ってきてくれたらね」

「わかった」


だからといって、レムも人間である以上、欲もあれば、恐怖を感じることもあるので、完全にゼロにすることはできませんが、今回の事例を見てわかるように、軽減させることは可能です。

その他にも、自分で稼いだお金（お手伝いなどで）を弱い立場の人たちにあげることで、お金が持つ支配を解放することができますし、寄付を体感させることで、お金は自分の所有物ではなく世界を回す循環だということも経験を通じて理解させることもできます。

そのため私は、毎年年末になると、貧困国にまとまったお金を寄付し、お金が持つエネルギーを分散させますが、それは何でも取りすぎたら、市場に返す大切さを先生から教えてもらったからです。

この考えは、レムにも継承し、お金を稼ぐ背中だけではなく、寄付する姿を見せることで、お金を循環させる大切さを意識的に伝えるようにしています。

今、レムは、売り上げを上げたら、最初に寄付をするという行動をします。

この行動を見ても、レムの中に眠るお金に対する執着は、他の人より少なくなっているのかもしれません。

進捗（販売数）を伝え、盛り上がりを演出する

何事も勢いは大事です。

販売を開始してもさっぱり売れなければ、やる気を失いますし、逆に売れ行きがよければ、ガソリンを注ぐ炎となり、やる気は燃え広がります。

しかし、最初から爆発的に売れるものは、ひとつもありません。

発売日を事前公開し、そこまでに「期待を貯める」ことで、販売開始後、注文が殺到することはあっても、事前告知なくして、いきなり売れるということはないのです。

最初は、種火のごとく小さな可能性を作り、徐々に広げていくイメージです。

ビジネスも基本構造は同じです。

どれだけ大きな枠組みを作ったところで、種火となる最初のひとり目がなければ、その企画は失敗し、広がっていくことはありません。

それほど最初のひとり目は、企画を行う上での大事な要素となりますし、売れるきっかけと可能性を与えてくれます。

ちなみに私も、何か企画がスタートした際には、ひとつ目の注文が入るまでは、緊張の糸を張っています。

企画を当てる自信はあったとしても、機械の動作（注文から決済までの一連）が動かないといった人的ミスも考慮し考えると、ひとつ目の注文は、機器が抱える不具合（障害）の可能性も払拭してくれます。

「そんなもの事前テストすればいい」と言う人もいると思いますが、それはビジネスを実際にやったことのない人の意見であって、事前テストは百も承知です。

それであっても、見えない障害（見過ごしている不具合）というものは常に発生し、ひとつ目の注文が入るまでは気を抜くことはできないのです。

無事、ひとつ目の商品が売れた場合、見える世界は一気に変わります。

同じようにその商品を欲しいと考える人がいることは確率論的にわかっているので、どこまで数値を伸ばしていけるかが勝負となります。

注文数が増えていくことで、レムの意欲の高まりをヒシヒシと感じることができました。

ひとつ目の注文が入った時は、喜びがレムの顔から溢れ出ていましたが、2つ、3つと増えていくうちに真剣な眼差しへと変わり、10を超えた頃には、プロの視線を持つようになっていきました。


この増えていく注文の数は、9歳のリラにも影響を与えました。

当初、「REMsパック」の話をリラに聞かせた時、「リラが一番最初のお客さんになる」と言い出しました。

「REMsパックは、22万円だから高いよ。リラには無理でしょ」

このように言っても、リラは一歩も譲りません。

「今までのお年玉を全部使えば足りるでしょ」

確かに、全部使えば、足りるだけのお金はありました。

しかし、家族がお金を払っていたら、ビジネスにはなりませんし、レムを甘やかすことになります。

それでもリラの中では、お兄ちゃんがリリースする初商品に喜びを感じ、お祝いの気持ちも含め最初の顧客になりたいと言い出したのです。

実際、あとから参加した顧客に確認すると、お祝いであったり未来の子供の可能性にお金を払いたいという動機で参加を決めてくれた人もいました。

このように考えると、リラはまだ小さいながらも、私の背中を通じて、起業家思考を身につけ始めているのかもしれません。

サラリーマン思考を持つ人からしたら、「20万円を超える金額をお祝いで払うのは理解できない」と言うかもしれません。

しかし、起業家の中では、金額は問題ではありません。

その参加費用が100万円だろうが、300万円だろうが、500万円だろうが関係なく、お祝いという意味合いを少しでも含んでいれば、参加しない理由はありません。

日程的に都合が悪く合宿に参加できなかったとしても、参加表明を行いお祝いの意思を伝えます。

それが結果、いいエネルギーを循環させ、賑わいに繋がることを考えると、リラが放った発言は、経営者そのものだったのかもしれません。

その分野の商品を買う「文化の有無」は、商品を創造する際に大事な視点

ビジネスは、常に進化を求められます。

顧客の願望および悩みは変化し続け、ライバルは、この瞬間にも新商品をリリースしかねません。

自分は顧客を獲得したからと言って、あぐらをかいていたらライバルに顧客を横取りされます。

今回、「ＲＥＭｓパック」の場合、商品を購入したあとなのと私の信頼あって購入に繋がっている人たちなので

ライバルに顧客を奪われる可能性はありませんが、別の状態で商品を提供した場合、受注が決まったからと言ってうかうかしていたら、根こそぎライバルに顧客を持っていかれます。

ビジネスは、弱肉強食です。

12歳だからといって甘く見てくれることはありませんし、ライバルがより良い商品をリリースしてきたら背筋をピンと伸ばし警戒しなければいけません。

なぜなら、ビジネスは後出しジャンケンすることができます。ルール違反ではありません。

あとから出せば出すほど、高条件の質の高いものをリリースすることが可能です。

それに、これまで商品を購入したことがある人は、言い換えれば、すでにその分野の商品を買うという文化があるので、2回目に似たような商品を売るのは、1回目と比較になりません。拍子抜けするほど簡単です。

その証拠に、エステに行ったことのある人は、また次の店舗に行くことに抵抗を感じません。

マッサージやリフォーム、旅行に保険。すべて同様のことが言えます。

どの分野のものであれ、一度、お金を払うと決めたものに関しては、楽に売ることができます。

それほどビジネスは、文化の有無によって、成約に大きく影響を与えるということです。

だから私も、顧客にビジネスを教える際には、文化の有無を確認してもらった上で、戦略の構築を検討してもらっています。

なぜなら、その分野の商品を買った経験のある（文化ある）人と、これまでに一度もその業界の商品を買ったことのない人（文化なき）人とでは、訴求ポイントも変わってきますし商品構成も大きく変わるからです。

簡単に違いを説明すると、文化なき人に対しては、見えない不安が大きい分、大きな夢を語ることでリスクを軽減させ、安い金額を提示しつつ、最初の小さな一歩を踏み出してもらうことを考えます。

文化がある人に関しては、恐怖や不安を感じることがなく、買うことに対しても抵抗がない状態にあるので、ライバルが見落とした欠点（不満やフラストレーション）を埋めるだけで、顧客を奪うことができます。

例えば、旅行好きの人に「金輪際、旅行にお金を使ってはいけない」と言ったら、どう感じるでしょうか？

美容が大好きな人に、「一生、美容にお金を使ってはダメ」と言ったら、どうでしょうか？

どちらも、「そんなこと言わないで、私の生きがいを奪わないで、もっとお金を使わせて」と涙ながらに訴えてくるはずです。これが、文化のある人の顧客心理です。

このことはレムにビジネスを教える際にも「文化の有無」は常に伝えていますし、商品を創造する時にも視点を忘れないように伝えています。

「パパのお客さんは、売り上げアップであったり、集客アップに関するものにお金を払うから、レムも売り上げや集客に関する商品が作れないかを考えてみて」

「わかった。パパこれなんてどう？　最近、アメリカで流行っている方法で、これから日本でも流行ると思うよ」

「それはいいね。詳しく聞かせて」

このような視点を持つことができれば、商品を作る際の基準値にもなりますし、迷うことがなくなります。

顧客は、好きなことに対し、お金を使いたいのです。

一度、売ったからいいという考えでは、新商品をリリースするライバルに顧客を奪われます。

それが嫌なら相手の財布のことなど気にせず、どんどん提案することです。

顧客の財布の中身は、相手の管轄であり、販売者が心配するものではありません。

さらに顧客の願望を高める特典を一緒に考える

商品が持つ本当の価値は、顧客に売れてこそ、初めて見出すことができます。

どんなにいい商品を作っても、売れなければ、自己満足の可能性があり、顧客と相思相愛の関係になることはできません。

売れれば価値交換は成立し、これまでの苦労はすべて報われます。

それほど商品にとって売れるということは大事なことであり、言い換えれば、魂のような存在です。

売れることで、はじめて生命が宿ります。

少し大袈裟のように聞こえるかもしれませんが、売れない商品は息を失い、魂を抜かれたかのごとく、倉庫で眠り続け、最後は殺気を放ちます。

物であれ、人であれ、売れるということは、活気とエネルギーを与えてくれます。

そのためレムには、自分の作りたい商品ではなく、セールスの後押しになるようなものを特典につけさせ、売れてこそ初めて商品は日の目を見るということを繰り返し伝えてきました。


「前にも教えたけど、お客さんは、商品にお金を払っているのではなく、その先にある願望や悩み解消にお金を払っているからね。だから、特典というおまけをつけて、お客さんの願望の後押しをすると、商品はたくさん売れるようになるんだよ」

「わかった。でも、商品と特典の境って何?」

「商品は、願望をダイレクトに叶えるもので、特典は、商品を使ったあとに、更に願望を高めるものだよ」

「オーケー」

このように言うと、「おまけであれば、願望など関係なく何でもいいのでは？　売れ残りが倉庫にあるから特典につけて捌きたい」と言う人がいますが、それは絶対にやってはいけません。

「抱き合わせ販売」といって、公正取引委員会が禁止しています。

あくまで顧客の望む商品がベースにあって、その魅力をさらに高めてくれるのが、特典の役目であり、効果となります。

「そんなものつけなくても商品の魅力だけで十分」

このように考える人も少なくありません。

しかし、それは競争の少ない業種の話であって、ライバルが特典をつけ、魅力に差をつけてきたら、どのように対抗しますか？　値下げしますか？　それこそ商品の価値を落とす行為であって、値下げ以上の特典をつければ、軍配はこちらに上がります。

比べれば一目瞭然です。

・ライバルは、1万円の商品を1000円値下げし、9000円で提供
・自分たちは、同じ1万円の商品に対し、3000円分の特典をつけ、一万円で提供

全員が全員、特典のほうを選ぶとは限りませんが、かなりの確率で「特典付き」は選ばれます。

なぜなら、**人はお得（おまけ）に弱い生き物**だからです。


「レム。メインの商品ができたら、特典を考えよう」

「『REMsパック』のサービスを後押しするものだからね」

「そういった視点であれば……」

「世界一安全なSNSとメールソフトを紹介するなんてどう？」

「おーいいね。大半のハッキングは、メールやSNSを通じて攻撃されるから、アプリの段階で防御できるのは助かるね。他には、どんなものがある？」

「他に何かあるかな？　あっそうだ。こんなのはどう？　パソコンでしかできないゲームを、携帯で遊ぶ」

「何それ?」

「パソコンでできるゲームってあるでしょ」

「うん」

「それって、スマホでは対応していないから遊べないんだ。でも僕が使う方法なら、端末に関係なく遊ぶことができるからスマホでも遊べるよ」

「ビジネスとは関係ないけど、今回の顧客対象者にはゲーム好きの人もいるから特典に入れよう。

いい調子だね。他には何かある?」

「他には……」


この特典をつけるという考えは、値下げ交渉を言い渡された際にも使えます。

相見積もりになった際、必ず相手先から言われるセリフは、「この価格もう少しどうにかなりませんか?」

特に、ライバルの存在が見え隠れすると、無下にもできません。

そこで苦しいのは承知で「わかりました。上司に相談します」と渋々利益を減らし、受注を勝ち取る。

でも、考えてください。

本当に相手先は、そんなことを望んでいるでしょうか？

そこで数万円の値下げをしたところで、担当者は何か得するでしょうか？

何もありません。

あるとすれば、「よくやった」の上司からの一言ぐらいです。

それにも拘らず、相手の最後の要望を聞かないと受注が取れないというのであれば、特典をつければいいことです。値下げ以上の効果がありますし、メイン商品との関連性をしっかり伝えることができれば、担当者に花を持たせることもができます。

そのほうが上司に褒められますし、いい関係を構築できます。

・最後は価格で選ばれる、値下げしないと受注できない安売り業者

・魅力的な特典をつけることで、商品価値を引き上げたよき相談者

特典とは色々な使い方ができます。

ライバルとの差を見出すこともできますし、値下げ交渉にも対抗できます。

商品価値を上げた提案を行うことで、オンリーワンの存在になることもできます。

商品は、売れればすぐに真似され、似たような商品が世に沢山溢れることになりますが、特典は真似されてもすぐに他のものを用意し、差し替えることが可能です。

売れるかわからない新しい商品を作るよりリスクは少ないですし、すでに売れているとわかっている商品に沢山の特典をつけたほうが確実に売ることができます。

それが特典をつける効果でもあり、魅力ともなりますので、商品を作って終わりではなく、セールスの後押しをしてくれる特典まで含め開発をしてください。

ちなみに今回の「ＲＥＭｓパック」に関しては、ひとつ３万円という単価設定を行い、まとめることで高額メニューを叶えましたが、ネーミングから見てわかるようにＲＥＭが作った商品の総まとめということになっているので、商品と特典の境が非常につけにくい状態でもありました。

そこで考えた打開策は、ひとつの単価です。３万円にも満たないものは、特典につけ、

3万円を超えるものだけをメイン商品に加えることにしました。このようにすることで境を明確にし、特典をつけることで魅力を演出することに成功しました。

正しいセールスは顧客を喜ばせる魔法。商品提供の一環であることを教える

ビジネスの世界には、プロの販売者とアマチュアの販売者がいます。

その違いは何かというと「商品の定義」、すなわち線引きが違うということです。

プロの販売者は、商品だけが提供物だけではないと考えます。

セールス自体も、商品提供の一環と考えているのです。

商品が無事提供できれば、完了と考えるアマチュアとは大違いです。

そのため、プロの販売者が行うセールスを見ていると、非常に刺激的で面白い。

何かのエンターテインメントを見ているようです。

私は、先生からセールスを学びましたが、先生が常に言っていたことは「買わなかった人も見て良かった、聞いて良かった、ためになった、と言われる提案を行ってください」

と教えられました。

多くの人は、商品だけが価値と考えがちですが、我々の教えは、セールス自体も価値（コンテンツ）として捉えているということです。


「レム。商品を売ることは悪いことではないよ。お客さんを見てごらん。みんな商品を買っているのに楽しそうでしょ」

「そうだね。最初は難しい顔をしていたのに、今は笑っている。何がそんなに嬉しいのかな？」

「未来が変わっていくことに対して、ワクワクが抑えられないんだと思うよ」

「今回、レムの商品は、お客さんからしたら未来を先取りするようなものなので、楽しくて仕方ないいんじゃないかな」

「そうなんだ。僕にとっては普通のことなんだけど……」

「えーそう。パパだって今回のＲＥＭｓパックは、物凄く楽しみだよ。合宿がんばろうね」

「うん」

その上で、買う人は買うし、買わない人がいるのは仕方のないことです。

そこは、相手の判断（課題）であり、自分の領域ではないので、押し付けるものではありません。

しかし、提案するところまでは、自分の判断で行うことができますし、無料で公開する部分と有料で提供する部分の境を明確に決めることもできます。

ただ、そこで大事なのは、「自分がこれはというものは無料（セールス）であれ精一杯やりなさい」と先生に言われ続けてきたことです。

今もそうです。

だから、私が行うセールスは、売り込みを感じさせない構成となっているので、買わされた感覚が一切ないまま商品を手にする人が大勢います。

お金を払い買っているはずなのに、売られた感覚がないので、非常に心地いいと言われます。

こういったこともレムに見せることで、セールスの楽しさを肌身で体感させるようにしています。

私のセールスは、顧客にとって楽しいものなので、お客さんがセールスを受けることで喜ぶ顔を直接、見せることができますし、顧客のキラキラした顔に触れさせてあげることができます。

通常、セールスというと、顧客は眉間にシワを寄せ、断る姿勢を無理に引き止める印象があるので、大半の人はセールスを嫌う傾向がありますが、そんな間違った方法を見せれば、誰だってセールスが嫌になるのは当然です。

そのため、多くの人がセールスを嫌うのは、売り込み感に耐えられないであったり、売ることで嫌われるのではないかという間違った思い込みが、世の中を歪めているにすぎません。

しかし、正しいセールスは違います。**顧客を喜ばせる魔法**です。

その人が抱える願望や悩みを解消し、望む結果を手に入れる手段を提供しているのです。

それにも拘らず、懸念する人が多いのは、間違ったセールスを行っているか、それとも目の前にいる顧客が望んでもいないものを無理に売りつけているかのどちらかです。

これでは、継続的な関係を作ることはできませんし、一時的に売り上げを上げることはできても、繰り返し商品を買ってもらえることはありません。

それはビジネスではありませんし、商品がかわいそうです。

正しい形で相手に受け入れてもらい、大切にしてもらえる関係を作ることができてはじめて、商品を世に送り出すことができたといえます。

そのためにも商品を提供する前に知るべきことは、**相手の願望（ないし悩み）は何であるかということです。その願望を満たすために、提供する商品は役に立つか？　問題を解決できるか？**　考えてみることです。

そこで大きな声でハッキリ「はい、大丈夫です」と言えるのであれば、商品から入るのではなく願望から話を進めていくことです。

少し想像すればわかると思いますが、目の前に願望（ないし悩み）を語っている人がいたとしたら、無視することはできますか？　私はできません。

手助けできる立場にいるにも拘らず、見て見ぬ振りするのは、起業家ではありませんし、死ぬ間際に絶対に後悔します。

なので、自分が考えている願望や理想を語っている人がいたら耳を傾けますし、その人がヒソヒソ声で語っていたらとしたら、隣に座り、一言一句逃さず聞き取ります。

そこで話されている内容が素晴らしく、自分の持つ商品で解決できるのであれば、しっかり提案します。それが結果、お金になり、顧客から喜ばれる存在となります。

このことを私はレムに伝えていきたいですし、今後も私自身も行っていきたいセールス法となります。

起業家マインドの育て方

- ビジネスを教える際は、販売後の商品提供(処理業務)から
- 入念な準備が、トラブルを早期解消することを教える
- ビジネスすべての過程を見せることが最も大事
- 欲しいものを吟味させることで、お金に執着させない
- 特典を一緒に考え、顧客の未来を拡張させる
- 顧客の笑顔を見せることで、セールスに対する誤解を解く

ステップ6

役割を与えると、能力が開花する

「逆張り」の発想を忘れない

テレビなどを見ていると、小学生社長や中学生社長がたまに出てくるので、そういう子供がいるんだという認識の人も中にはいるかもしれませんが、子供が社長になるのは、普通ではありませんし、「少数派」となります。大半は、成人を迎えた大人が社長を務め、経済を回しています。

子供が遊び半分で行ったところで、どうせ続かないと考えるのは、無理もありません。それほどビジネスは過酷で、気軽な気持ちで始められるものではないからです。

「レムも小学生社長だね」

「何それ？」

「昔、流行ったんだ。小学生で社長さんになった人がテレビに出てたよ。面白いのが、お父さんとお母さんが社員なんだよ」

「その人どうなったの?」

「わからない。10年以上も前の話だから。でも、これだけは覚えておいて。小学生であれ社長になることはできても、稼ぎ続けることができなければ終わるのが会社だからね。だから、お客さんのためにも稼ぎ続けることが大事だよ」

「社員のためではなく?」

「そう。だって社員は、最悪、他で働くことができるけど、お客さんは、そこのサービスを受けることができなくなったら、悲しいでしょ?」

「この間もレムと一緒に行ったお店がなくなってて悲しくなかった?」

「悲しかった。あそこの魚の煮付け美味しかったのに……」

「でしょ。だからお客さんのためにも、ビジネスを始めたら続けることも忘れないで」

「うん」

「その上で、社員さんがずっと一緒に働いてくれたら、最高だよね」

「そうだね」


ビジネスの世界は、弱い大人が参入したところで勝つことはできません。

なんとしても売りたい、商品を広げたいという強い思いがなければ、商品をリリースすることもできません。

なぜなら、形だけであれば商品は誰でも作ることはできます。お金を払い専門家に依頼すればいいからです。しかし、そこから売ることを考えた場合、強い気持ちがなければ、躊躇《ちゅうちょ》と葛藤《かっとう》が足を引っ張ります。

・売れなかったら、どうしよう
・クレームが来たら、どうしよう
・バカにされたら、どうしよう

だからビジネスは、一本二本ネジの外れた人でないとやっていけないと言われますが、まさにそうです。

いい商品を作り、最高なマーケティングシステムと最強セールスマンを抱えることができれば、顧客は殺到し、ビジネスは大成功する。

このように考えがちですが、理想通りに叶わないのは、教科書通りの一般的な考え（一般常識）はビジネスの世界では通用しないからです。

そこには人がいて、感情があり、環境に影響を受けるので、基礎にある根底部分を学ぶことはできてもすべてのピースがハマらなければ、商品はひとつも売れません。売れなきゃ負け組の遠吠えになります。

ビジネスは信頼の積み重ねで大きくなっていくので、一回売れたからよしということにはなりません。

継続して初めて価値となりますし、ビジネスは立ち上げるより継続させるほうが難しいのです。


ある経営者の言葉にこんな言葉があります。

「大衆の真逆を行け」


答えから言うと、商品が売れることにより、8割の人は何らかの不満を感じます。

機能的な問題、技術サポート、顧客フォローに至るまで多岐にわたりますが、そこにフラストレーションが発生することで、大衆は次に行く準備（ライバルへの移動）を始めるということです。

その罠にハマらず顧客を奪われたくなければ、発生したフラストレーションを特定し、解決策を打ち出す必要があります。この言葉には、そういったことも含まれています。

しかし、こういった顧客心理や大衆心理を理解せず、誰もやっていないことを探してもお金にはなりません。

大事なのは、**売れたが故に発生したフラストレーションを基軸にした「逆張り」**です。

そこを見過ごしてしまうと、時間、労力、お金のすべてを無駄にします。

この視点は、レムには徹底して教え込んでいます。どこで何が売れているのか？

このことを実感できたのは、レムと行ったある会話での出来事です。


「パパ最近、空気清浄機のＣＭが沢山やっているよ」

「ずっとやってる？」

「最近は、ずっと流れてるよ。調べてみたら、コロナで物凄く儲かったって」

「それは凄いね。何かその会社や商品にフラストレーションは起きてないかな？」

「そうだね。しいて言うなら、サイズが大きくて、持ち運ぶのが大変みたいだね」

「小さなサイズのものはないの？」

「まだないみたい」

「作ったら、バカ売れするかもね」


それから間もなくして、その会社から持ち運びできるコンパクトサイズの商品がリリースされ、ビッグヒットを出したと報道されていました。

人は理不尽で不条理なものにお金を使います。正しいものが売れるとは限らないのです。

「なんで、そんなもの買ったの？」

周りからは不思議に思われるものに、お金を使います。

普通で考えたら、理解できません。

しかしビジネスは、頭で理解している間は、大きく儲けることはできません。

人間が理解したり、イメージできるものは、脳科学的に3倍までと言われているので、顧客が想像できる範囲のものを提供しても売り上げは、すぐに頭打ちを迎えます。

一方で、社長自身が他の業種のサービスにお金を払うことで、これまで自分の中にはないイメージを超えたサービスに出会うことがあります。いわゆる想像を超えた体験です。そこで得た体験を社に持ち帰り導入することができれば、これまでとは違ったサービスを展開することもできますし、理解やイメージを超えたものを顧客に提案することができます。それが結果、今までとは違う、大きな儲けに繋がります。

「よくわからないけどワクワクする」こういったフレーズが顧客から出たら勝ちです。本能で興味を持ち、感情で商品を買うからです。

顧客は、欲しいからお金を払って手に入れる。それだけです。

売りたいものを作っている間は、儲けは小さなものとなりますが、すでにライバルで売れ、フラストレーションが発生しているものの逆張りを狙えば、一気に新規集客を叶えることができます。

その上で、信頼を積み重ね、自分たちが本当に売りたいものに繋げることができれば、ライバル皆無のビジネスを行うことができます。

妹のリラをアシスタントにつけて、レムの気持ちを最大化させた

今からお話しすることを聞いたら、「ビジネスを舐めているのか？　ふざけるな」という人も出てくるかもしれません。

しかし、ビジネスは、理屈や常識の範囲の中には本当の答えはありません。考えてみてください。

12歳の小学生が1週間で308万円稼いだこと自体、常識を超えています。なので、今からお話しすることも（賢い常識は一旦脇に置き）、これまでの発想を壊すつもりでお聞きください。

その内容とは、何を行うにしても先生という立場で商品を提供し、その講師には、必ずアシスタントをつけることです。

「それって、普通では??」

このように感じた人も多いかもしれませんが、9歳の妹をアシスタントにつけたと言ったら、どうですか？

「足手まといになるのでは？」

と、心配になった人もいるかもしれません。

通常、何か新しいことを行う際、メイン講師が軟弱で、不慣れであっても、周りをプロで固めれば、何とかなるものです。


その一方で、初の試みのレムに、リラというアシスタントをつけた場合、どうなるか？

相互作用が働きます。レムは妹の面倒を見ながら、リラはお兄ちゃんの応援をするようになります。2人でひとつの形となります。


ビジネスは大人であっても、初の挑戦は怖いものです。

ひとりで乗り切ることなどできません。

それが合宿形式の限られた空間（時間）であっても、です。

だから多くの人は、合宿を行う際、ひとりで行うことはせず、誰かのサポートを受けながら開催するわけですが、サポートも不慣れであれば、足手まといになります。

そういった意味では、合宿の運営に慣れた人ないし先生がいてくれれば安心です。

私も最初にリリースした商品は、合宿形式でしたが、その場に先生がいてくれることで、不安を回避することができましたし、緊張することなく、本来の自分を出し切ることができました。

そのため、今回レムにも不安を感じさせることなく、無事に乗り切ってもらうために、私が側で支え、リラをサポートにつけました。ひとりではないということを伝えるためです。


「リラ。今日はレムがデビューする日だから、しっかりお兄ちゃんのサポートするんだよ」

「レムの飲み物が足りなくなったら、すぐに代わりのものを用意して、お客さんが困っていたら教えて」

「リラなんていらないよ。いつも僕の邪魔しかしないから」

「そんなことないよね。リラはできるよね」

REM's パックの合宿の様子！

「うん。わかった、わかった。大丈夫」

そんな気軽な感じで、合宿はスタートしましたが、レムは12歳の子供です。これまでビジネスを行った経験がありません。合宿で何が起きるかわかりませんし、何かが起きてからでは手遅れです。

そこで不安を事前回避するために、今回はレムのデビューを応援したいという経営者だけを集め、合宿の開催を決めました。

経営者の言葉の中に、もうひとつこんな言葉があります。

「最初のうちは、顧客に育てられた」

最初から完璧な人はいませんし、上手にで

きる人もいません。

しかし、これまで培った人柄であったり、積み上げてきた信頼が周りの応援となり、多少の粗相も笑顔でかわしてくれるなんてことは、経営者あるあるです。

甘えるわけではありませんが、そういった顧客の応援があるからこそ、新米経営者であってもビジネスを行うことができますし、慣れていくことで巣立つことができます。

私も今年でビジネスを始めてから丸10年が経ち11年目を無事迎えることができましたが、思い起こせば、最初のうちは、酷かったなと反省しています。

そんな状態でも文句ひとつ言わず、私のサポートを受けてくれた顧客のおかげで、今の私がいると思うと感謝の気持ちで一杯です。

経営者であればそういった経験を乗り越え今があるので、今回レムが起業家デビューを叶える際にも応援してくれましたし、笑顔で見守ってくれたのだと思います。

これは、小学生だから大人だからということではなく、誰もが通る道です。最初から上手にできる人はいません。

しかし、大人になればなるほど、初の商品は「完璧に」と考える傾向があり、自分を苦しめる羽目となりますが、誰がやっても最初は下手なので、一日も早く経験してしまうことです。

年を取れば取るほど、周りも基準値をどんどん上げていきます。

その基準値が上がれば上がるほど、最初のハードルは見えないほど高くなりますので、ハードルが小さいうちにスタートすることをお勧めします。

9歳のリラに役割を与えたら、何も教えていなくても彼女の意識が格段に上がった！

今回、リラは9歳ながらもメイン講師のアシスタントを担うことになりましたが、役割を与えることで、彼女の意識を格段に上げることができました。

常にスタッフ側の視点に立ち、顧客のフォローを自ら始めたのです。

顧客が会場に入ってくるなり、荷物置き場を案内し、席まで誘導を行います。

席に座れば、定刻まで時間があるので、自由に待機する旨を伝えていました。

ちなみに、リラが行ったここまでの行動は、私は何も教えていませんし、指示もしていません。

それにも拘らず、私の周りのスタッフが日々行っていた行動とセリフを思い出し、見様見真似でこなしていたのです。さすがに、この光景は私も予想外でした。

今までレムを起業家に育てるため訓練と指導を行ってきましたが、リラはまだ小さいという理由から、そこまで意識的に教えてきたことはありませんでした。

リラはお兄ちゃんがいるとちょっかいを出すので、ビジネスの現場に連れて行くことに躊躇し、極力避けていました。なので、レムより現場に出向く回数が減ってしまうのは仕方のないことです。

そのため、最初は全くといっていいほど期待をしていなかったのですが、リラの張り切り具合と仕事っぷりを見て、リラに対する私の考え方は徐々に変わっていきました。

今回、レムが講師を務めるということで、顧客には勉強も兼ねて子供同伴可能という案内を出しました。

参加した子供はリラと同じ年代から高校生まで幅がありましたが、私も意外だったのは、レムの行動を見て、一番影響を受けていたのは、高校生の男の子でした。17歳ということもあり、思春期を迎えつつ将来に不安を抱える年代でもあるので、レムの知識と行動力、スキルに衝撃を受けていました。

合宿が終わる頃、「将来は公務員になる」と言っていた高校生が、「将来は起業家になりたい」と言い出していたので、レムが与えた影響は、想像を遥かに超えていたのかもしれません。

この出来事は、私の中でも大きな発見となりました。

私が当初考えていた出来事は、レムと同世代の子供に、レムとリラを引き合わせることで刺激になればいいと考えていたことです。

しかし、肝心な同世代の子供たちはというと、ゲームをして遊んだり、会場を走り回り、邪魔する一方です。困り果てたお母さんもお手上げ状態です。

その光景を見たリラの行動は面白く、意外な発想と想像を超えた視点に驚かされました。

レムが集中できる環境を用意することが自分の役割だと考えたリラは、保母さんの役回りを始めたのです。

騒ぎ立てる子供たちをひとつの場所に集め、親御さんの目の届く範囲に居つつも、静か

アシスタントとして活躍したリラ！

にできる遊びを提案しました。

「いい、みんな集まって、合宿中だから騒いだらダメだよ」

「面白いゲームがあるから、教えてあげる」

気づけば、あれほど騒いでいたわんぱく坊主たちも、リラの手にかかれば子犬です。静かにしています。

この光景を見て、リラは自分が遊びたいだけだったのかも、と思ったりしましたが、よく観察すると、お兄ちゃんの飲み物をチェックしたり、他のお客さんに不便が起きていないかを常に気にかけて回っていました。

合宿初日も前半戦が終わり、夕食の時間を

迎える頃、さらにリラは自分の役目を見つけ動き始めました。

配膳の仕事です。

この時は夏休みということもあり、海にそびえ立つコテージを貸し切っていました。目の前に燦々《さんさん》と広がる海を眺めながらのバーベキュー形式での食事です。

夕日が沈むのを眺めながらの休息タイム。なんともいえない贅沢な時間です。

そんな状態の中でもリラは、休憩を取ることなく、自分の与えられた役目を果たします。出来上がったお肉や野菜をみんなのテーブルに運び、飲み物がなければ、声をかける。合間合間で子供たちの面倒を見て、退屈させないように楽しい時間を提供する。

そんな忙しい自分を撮られるのが嫌だったのか、なかなか写真を撮らせてはくれませんでしたが、お兄ちゃんのために一生懸命、自分ができることをやり続けました。

そのあとも深夜を超えていたにも拘らず、顧客さんが会場をあとにするまで部屋に戻りませんでした。

最後の見送りも、自分の役目だと思っていたからです。

リラは9歳という年齢など気にせず、レムが最高のパフォーマンスを出せるよう、しっかりサポートしていました。

起業家に必要な2つの要素「ラフな精神」と「繊細な気遣い」を身につけ始めた

私は、自分の先生と会う際は、常にオーディションの気持ちで挑んでいます。

常に自分の動きを見てもらい「動きが悪い、使えない」と思われたら終わりです。

その後、一緒にビジネスを行うという話には発展していきません。

どんな場面であれ先生とご一緒する際には、気を配り、細心の注意を払い行動するように努めています。

その甲斐あって先生とは今もなお、ご一緒させていただいていますし、これまでいくつものプロジェクトを成功に導いてきました。

この経験から私がチームメンバーに迎えたり、将来、一緒にビジネスを行うパートナーは必ず現場の中で見つけるようにしています。

私が何か新しい案件を行う際、サポーターとして起用した人が使えなければ、その後、その人と一緒にプロジェクトをやっても成功することはないからです。

損得勘定抜きに私の案件で120％の自分を出すことができる人だけが、ビジネスを一緒に行うという次なる切符を手にすることができます。

具体的には、ビジネスパートナーを選定する際は、私が行っている全国ツアーに同行させ、現場でビジネスを教えつつ、動きと貢献度合い、そこでの成果を評価対象にしています。

つい先日も、全国ツアーに同行させたひとりのメンバーは、報酬が一切出ないにも拘らず、集客およびセールスをガンガン決める活躍を見せてくれました。

その光景を見た私は、説明会が終わると同時に、ビジネスを一緒に行う提案を持ちかけました。

その成果はすぐに現れ、起業初年度3億円を遥かに超えるプロジェクトを成功に導くことができました。

それ以外にも、側近としてついてくれた方は、初のツアーにも拘らず、柔軟に適用能力を活かしながら、今までとは違った世界のやり方を吸収していきました。

その行動と変化の受け入れ態勢は、他には類を見ない速さだったため、ツアー終了後、共同プロジェクトの提案を申し出ました。

結果、3ヶ月もの間にいくつかのプロジェクトを開催し、4ヶ月で1億円を超える利益を叩き出すことができました。


このように実践ベースで動きを見たあとに直接教えることで、戦士を育成する効果は高く、教育期間を一気に短縮することができます。

これは今回、レムのアシスタントに任命したリラにも同様のことがいえます。

何も教えていないにも拘らず、数回、私のセミナーや講義に参加させただけで動きを把握し、見様見真似で動けるというのは、起業家としての資質があります。コツを掴む感度も群を抜いているのは明らかです。

今まで多くの人を見てきてわかったことは、1つ1つ指示を与えないと動けない人は、起業家には向いていきません。

なんとなくであれ、少し見ただけで真似できてしまう技量と度胸さえあれば、起業してお金を稼ぐことはできます。難しいことではありません。

しかし、何度も講義を受け、頭で理解しようとしている人は、何をやってもダメです。

人間としての感覚や感度が鈍ってしまっているのです。

ビジネスは頭で考えている限り、小さな成功が関の山です。

大きな成功を手にしたければ感覚を磨き、成功者の思考（動きも含め）を吸収できるかが成否を分けます。

そういった意味では、レムとリラは、海外で暮らしている分、小さなことに拘りません。

まさに、感覚重視の生き方です。

そこに私の起業家としての生き方を見せることで、起業家にとって必要な2つの要素を身につけ始めたのかもしれません。

その要素とは、「ラフな精神」と「繊細な気遣い」です。どちらが欠けてもいけません。

必ずセットで考えますし、双方が重なり合うことで、最大の効果を生み出します。ラフと繊細は、相反する言葉ではありますが、シチュエーションごとに使い分け、共存共栄する関係を構築しておくことです。

親の背中を見せ、遊びを通して社長になる認識を持たせる

レムが起業家としてデビューを叶えることができたのは、私が起業家だからです。

これは今回の功績を自慢しているわけではなく、起業して10年も経つと、すべてのことをビジネスで考える癖がついてしまうのです。

冒頭で話した親子の会話もそうです。

サラリーマン時代の私が聞けば、その場限りの親子の会話で終わっていたと思いますし、仮にアイデアを思いついたとしても叶えてあげることができませんでした。

しかし私は発想だけでなく、これまで培ってきた10年のリソースを使い叶えることができます。

その積み上げがあったからこそ、REMsパックは生まれ、商品化するだけでなく、売り上げに変えることができました。

これが、本当の資産の形です。

資産というと、現金だけを連想する人ばかりですが、使えばなくなりますし、その大半は税金で持っていかれます。

しかし、知識や経験、顧客リストなどは税金の対象外ですし、税務署が顧客リストを手にしたところで、現金化することはできません。

顧客リストを飾っていても、一円の価値にもなりません。しかし、適切な方法で活用することができれば、打出の小槌となります。降れば降るほどお金を生み出してくれます。ただ現金と違って、放置してしまうと、枯れる習性があります。

「貧乏暇なし」

このような表現をする人がいますが、時間をお金に変えている限り、上限を迎えます。能力、スキル、センスなど関係なく、時間という枠を切り売りしている間は、残りの寿命をお金にするしかありません。

そして、そのような背中を子供に見せれば、同じ道を辿り、時間をお金に変える生活を余儀なくされます。

この働き方は、多くの人が気づけない罠のひとつです。

起業したと思い込んでいても、やっていることは、フリーランスなんてことはよくあることです。

しかし、スキルや技術をお金にしている間は、若いセンスには到底かないませんし、ロボットには負けます。

この働き方が通用するのは40歳までとなるので、技術の進化に追い越される前にフリーランスを卒業し、起業家ないしオーナーのステージに上がっておくことです。

これは自分のためだけでなく子供の将来を考えてのことです。


子供の常識は、親の背中によって築かれます。

そのことを知った私は、サラリーマンを卒業後、3ヶ月で時間を切り売りするフリーランス生活を手放し、起業家のステージに移行することを決めました。

今では、その業務の大半を人に任せ、オーナー的働き方をしていますが、すべてのステージを経験したからこそ知ることのできた未来です。

レムとリラには、同じフリーランスの道を練習以外で歩ませるつもりはありません。一生、誰かを支える下請け人生となるからです。

人を支えるのが好きな人はいいかもしれませんが、レムもリラも海外で育っていることもあり、誰かを支えるよりは、自分で何かを作り出すほうが性に合っています。

なので、今回レムには、丸投げパックとはいえ、時間を切り売りするような下請け仕事ではなくパッケージ商品を作るように指導しました。さらに、時間を圧縮しつつ業務の請負代行にならないように伝えました。


「レム。今回の商品は性質上、作業代行になりやすいから気をつけて」

「作業を売っている間は、収入は頭打ちをすぐ迎えるからね」

「そうならないように、今回ＲＥＭｓパックもパッケージ商品に時間や労力以外の価値をお金にしていこうね」


それ以外にも日頃から「大きくなったら社長になる」という発言を遊びを通して言わせることで、自分は雇う側という認識を持たせています。この遊びは、リラにも影響を与え、変化が起き始めています。

つい先日も、おままごとの中でリラはお兄ちゃんの会社の副社長をしていたらしいのですが、レムの理不尽に我慢の限界を超え、副社長を降りるというのです。

何をやるのか聞くと、自分も社長になると言い出したのです。通常であれば、会社を辞めたとしても、他の会社に移る（転職）ことを考えがちですが、我が家の子供たちは、転職など全く考えていません。

社長になる以外、選択肢がないのです。


「今から僕が社長で、リラは副社長だからね」

「いいよ」

「リラ。パソコン持ってきて」

「わかった。はいどうぞ」

「リラ。充電がない、持ってきて」

「はい、これ」

「リラ、次は、……」

「もう嫌。レムは命令ばかりでリラのことコキ使うから、副社長辞めて、リラも社長になる」

「リラには、無理だね」

「できるもん」

「リラは何の会社作るの？」

「えーと。リトちゃん（お気に入りのぬいぐるみ）タクシー」


こういった考えは、子供同士の会話の中で生まれるものではありません。どのような将来を子供たちに築かせたいのかを、親が決め、背中を見せることで現実を作っていきます。

そのため、今の自分の背中が子供たちの将来に見合わない（薦めない）ものだとしたら、子供たちの未来を守るためにも自分がまずは変わる（現状を手放し、次のステージに行く）ことなのです。

サバイバル能力を育てながら、諦めずにゴールに到達することを約束させる

ビジネスを行う上で、最も大切なことは、**やり遂げること**です。

そこにルールなど存在しませんし、やり方など無限に存在します。

可能性を閉じているのは自分自身ですし、顧客は望む結果を手に入れることができればハッピーになります。

このやり遂げる力のことをビジネスの世界では、**「サバイバル能力」**と呼びます。この能力は、プランを立てない海外旅行を行うことで磨くことができます。

海外では、日本の常識が一切通用しません。

むしろ、真逆のことばかりです。

例えば、日本でスリに遭えば、荷物を盗んだ犯人が悪いとされていますが、海外では魅力的なものを見せびらかした持ち主が悪いとされています。

そんなこともつゆ知らず、海外でよそ見していたら、自分の荷物などすべて持っていかれます。

パスポート、現金を盗まれたからといって、日本に帰らないという選択肢を持つことはできません。

海外は国で定めた規定があるため、ビザがなければ長期滞在することはできませんし、そのまま居続けたら不法滞在として逮捕されます。スリに遭ったという理由であれ、帰国せず居続ければ、人間としての扱いを受けることはできません。異国の地でのパスポートの再発行となると、大使館を探し出し救済を求める必要があります。

行ったからには、なんとしても帰ってくる必要（義務）があるのです。

以前私は、ベルギーでスリに遭った際、悲惨な思いをしました。

まさか自分がスリに遭うなんてことは考えていなかったので、当然、大使館の場所など把握していません。

観光地だったため日本人に会うことはできましたが、誰一人として助けてくれる人はいませんでした。

困ってどれだけ助けを求めたところで、完全無視です。話すら聞いてくれません。

だからといって諦めてしまえば、帰国することも、今夜の宿もありません。

移動しながらの旅だったので、私は宿を取っていなかったのです。

スリに遭った街で野宿するとなると、命の危険を感じます。

それだけは避けようと、断られても断れても何度も声をかけ、助けを求めました。

すると、一人の外国人が私の異変に気づき、10ドルを恵んでくれたのです。

あの時の光景は忘れられませんし、今もなお脳裏に深く焼き付いています。

そのあとは、大使館から親に連絡を取ってもらい、お金を送金してもらうことで、パスポートの再発行と帰りの航空券を買うことができ、無事帰国することができました。


あの時の体験があるからこそ、多少、ビジネスで困難な場面に出会ってもへこたれることはありません。

しかも、日本であれば、言葉（日本語）が通じます。

こんなに楽なことはありませんし、海外と違って命を奪われることもありません。

少し損した程度なら、また別の方法で稼げばいいですし、やり直しができます。

だから私は、ビジネスで稼げない人を見ると、フリープランでの海外旅行を勧めます。さらに行ったからには、必ず日本に帰ってくるという当たり前のことを認識するようにしてもらっています。


ビジネスで稼ぐということは、海外旅行と同じです。

自分で企画を立て、お金を稼ぐ仕組みを構築することで売り上げを手にする。

まさに、海外旅行です。

途中で諦めれば、どちらも損失を被りますが、やり遂げることができれば、次の旅に向かうことができます。

海外旅行もビジネスも、この繰り返しです。

だから私は小さな失敗も許しませんし、どんな形であれ、最後は挽回させることを徹底します。

でなければ、怖くて次に向かうことができなくなるからです。

私が、この10年ビジネスを一回たりとも失敗させることがなかったのは、臆病者だからです。

一回でも失敗していたら、次の挑戦は怖くて諦めていたと思います。


起業は、成功の連続の上に成り立っています。

その金額がたとえ小さいものであっても、黒字と赤字は雲泥《うんでい》の差です。

だからといって、最初から上手くできる人はいません。

徐々に慣れていき黒字の幅を広げていけばいいのです。


このことは、レムとリラにも伝えつつ、どんな障害が向かってこようとも逃げずに立ち向かい、最後は勝つサバイバル能力を磨いていっています。

つい先日も、こんな出来事がありました。

レムとレンタサイクルを借り、ダウンタウンまで行った時の出来事です。

このシステムは少し変わっていて、30分おきにレンタサイクルポート（自転車置き場）で自転車を乗り換えないと、追加料金がかかるのです。

1日乗り放題と銘打っているにも拘らず、同じ自転車に乗りっぱなしは許されないのです。

仕方なく時計をチラチラ見ながら、頃合いのいい場所で乗り継ぎを考えるわけですが、レンタサイクルポートが点々としているため、行った先にレンタサイクルポートがないということが起きます。

この日も例外ではありませんでした。自転車を活用し焼肉屋さんに向かったのですが、予約時間が迫っていました。しかし、お店の近くにレンタサイクルポートが見当たらないのです。

周りをグッと見回しても、スマホでリサーチをかけても、ヒットしません。戻るにしても自転車で10分以上かかります。

これではタイムオーバーですし、予約にも間に合いません。その場にいても何も解決しないので、戻ることに……。

今まで来た道を戻るのは悔しいので、新たなレンタサイクルポートがある可能性を信じて、戻るべき方向だけは合わせつつ、一本別の道を走ることに。すると、女神の奇跡か追加料金がチャージされる1分前にレンタサイクルポートを見つけることができたのです。

今回の件は、損失でいえばたかが知れていますが、最後の最後まで諦めず可能性を探るという面では、いい経験をしたと思っています。その間、２人で知恵を絞り、考えた時間はかけがえのないものとなりました。

ちなみに今回の「REMsパック」も同様です。正直、ここまで売れるとは思ってもいませんでしたが、あとひとつ売れれば、300万円の大台に乗れるという時には、知恵を絞りましたし、レムとリラにもあとひとつで桁が変わることを伝えました。

するとレムとリラは、それぞれアイデアを出し合い、「これはどう?」と最後のひとつを売ることに対し、考え始めたのです。

結果、最後につけた特典が、顧客の要望にマッチし、参加してくれることとなりました。無事、目標達成です。

ちなみに、この時つけた特典は、歩くだけでお金が稼げるアプリの紹介でしたが、新しい世界(可能性を見出すもの)を特典としてつけるだけで、メイン商品が売れるということはよくあることなので、最後の最後まで諦めないことです。

今回の件は、プラスの積み上げとなるので、良い相乗効果が生み出されましたが、ビジネスを行っていると楽しいことばかりではありません。努力とは無縁に売れない(数字に反映されない）時もありますし、見えない恐怖に飲み込まれることもあります。

その闇から抜け出ることを考えたら、最後の最後まであがきにあがいて挽回するほうが100倍楽です。

だから私は、ビジネスを手掛けたら途中で諦めることはしませんし、黒字になるまでしつこく行うと最初から決めています。それが今の私を作っていますし、毎年安定した売り上げをもたらしてくれています。

起業家マインドの育て方

- ビジネスに年齢や一般常識を持ち込まない（社長になるのに年齢は関係ない）
- アシスタントをつけることで、安心感とパワーを倍増させる
- 幼くてもチームメンバーに加え役割を与えて、動きを学ばせる
- 遊びを通して、社長になる認識を持たせる
- サバイバル能力を磨き、諦めずにゴールに到達させる

ステップ7

売り上げの使い道を一緒に考える

親子でも報酬の認識を持たせる

私はビジネスを行う際、「利益折半」という報酬体系で行っています。

目上の先生だけでなく、教え子の生徒（弟子）も同様の扱いにしています。

業界の中では、ビジネスを企画するプロモーターが7割、商品を提供するコンテンツメーカーが3割。

最近は、こういった人たちも出てきていますが、私は先生から教えられた昔の報酬体系を今もなお守り続け、5対5の割合で分配しています。

これは今回、レムと一緒にビジネスを行う際にも適用しました。

初めは、レムの初商品だし、販売もメールだけで済むので、「レムに7割とも考えたのですが……」

私は自分のファミリーと呼ばれるメンバーとは、全員、利益折半でビジネスを行っています。

そのことを考えると、レムだけ特別扱いするのは良くないことです。報酬の割合を変えるということは、ビジネスパートナーではなくなり、親子の甘えが発生するのでは、と考えました。

今回レムにも、他のパートナーと同様の報酬を伝え、ファミリーのメンバーとして扱うことを告げました。


「今回のレムの報酬は、経費を抜かして、パパと半分だからね」

「オーケー」

「ひとりに売れたら、約1000ドルレムに入るから、何人売れるか楽しみだね」

「僕の欲しいパソコンのパーツを全部揃えるには、何人に売ればいいのかな？」

「そうだね。だいたい10人ぐらいかな」

「そんなに売れるかな？」

「売れると思うよ。レムのことは、いつもお客さんに話しているし、応援してくれるよ。それに今回は、レムのデビュー商品だから」

「だといいけど、少し心配だな」

「大丈夫、大丈夫」


このような分配を生徒に話すと、「7対3で大丈夫です」とか「6対4でお願いします」という人も出てきますが、私は誰と組むにも長い関係を考えているため、相手がどんなに報酬をくれるといってても断るようにしています。

一回だけのプロモーションであれば、取り分重視の報酬でもいいかもしれません。しかし、長い関係ともなれば、イーブンにしておかないといつか不平が起こると考えているからです。

特に、私の仕事は、企画を立てプロデュースするのが主な仕事なので、実働時間はほぼありません。

日々考えていることを、企画に合わせ提示するだけなので、5分もあれば十分です。

その後、プロモーション形式でビジネスを仕掛けるにしても、すべての準備は2日で完成します。

それにも拘らず、億単位のお金が舞い込むとなると、パートナーは「なんで自分は3割なの？」このように考えるのは不思議なことではありません。自分が逆の立場であれば、不満に感じると思います。

一般的に、プロモーターの立場となる人の仕事は、商品を販売するまでが仕事です。そのあと商品を提供したりサポートを行うのは、コンテンツメーカーとしての立場を受け持つ人が行います。

もちろん、プロモーター側の人間も商品を販売した後の運営が滞りなく進んでいるかの確認は行いますが、基本、販売するのはコンテンツメーカーの商品なので、私は任せるようにしています。

そうなると、サラリーマン思考の強い人は自分だけが仕事している気になり、不平を言うようになるのです。

こういう人とは、最初から一緒にビジネスを行うことはありませんが、商品が売れ、受注が勝手に舞い込み始めるようになると、どんな人であれ、受注することを当たり前に感じるようになります。

そして、サラリーマンが処理業務を行い給料をもらうのと同じで、コンテンツメーカーも受注を処理することが、主な仕事だと錯覚するようになるのです。

しかし、それは受注の仕組みや形を作ってくれたプロモーターのおかげです。

つまり、商品を販売するプロモーターがいて、初めてコンテンツメーカーは存在意義をなすことになります。このことは、起業し自ら商品を売る立場になれば、嫌でも実感します。

受注あっての処理業務。独立を考える人は、この当たり前なことを見過ごしてはいけません。


役割的には、8対2が妥当です。販売（セールス）8、提供（サービス）2の配分です。

私の場合も同様です。商品を販売することに時間と労力の大半をかけています。

そういったことを踏まえ、報酬の割合を伝えると、どちらも気持ち良く仕事を行うことができます。

その最適な割合が、利益折半（5対5）だということです。

ビジネスを開始する上で、報酬の取り決めは大事なことです。

お金が絡むことなので懸念する人もいますが、先延ばしにすれば、不信感に繋がることもあるので、最初の段階でハッキリしておくことです。
それは、親子でビジネスを行う場合も同じです。

稼いだお金は貯めない！お金を使い次なる未来に繋げる

ビジネスを大きくしていける人と一発稼いで終わってしまう人の差は、お金を流れとして捉えているか、それとも貯めることを目的としているか、になります。

貯めることがいけないというわけではありません。会社の中には、最低限の内部留保は必要ですし、キャッシュがなければ、いざという時に戦うことができません。

多少のキャッシュを手元に置くのはありですが、その預金額を上げていくのは、経営者としては失格です。

ビジネスは、経済の中心です。

その中心が貯めることに走れば、経済は滞り、動きを止めることになります。

だから「経済は回る」と表現されることはあっても、「経済を貯める」と言う人はいないのです。

そんなことをすれば、さらに国は借金を増やすことになります。

今や日本の借金は、１２００兆円と言われ、国民一人当たり１０００万円の負債を背負っています。

大きすぎて、理解の範疇を超えますが、それでも日本経済は破綻しないのかというと、個人で貯め込んだお金が、それ以上あるからです。その金額２０００兆円です。

日本銀行の発表によると、年々増え続けていると言います。

それが故に、日本は危機的状況にあると言われつつも崩壊しないのは、国民の預貯金が下支えになっているからです。

「日本の借金は、１２００兆円を超えたんだって」

「日本は潰れるかな？」

「潰れないよ。みんなのお金があるから」

「そうなんだ。でも、どうしてみんなのお金があるのに、借金はなくならないの？」

「みんなが貯め込むからだよ」

「貯めると、借金はなくならないの？」

「そうだよ」

「考えてみて、レムとリラとパパの3人が、それぞれ10万円ずつ持っていたとするでしょ」

「レムは、パパとリラのお店に、それぞれ5万円使って。パパは、リラのお店に5万円使ったとするよ」

「今手元にあるお金はいくら？」

「パパは10万円、リラは20万円、僕はゼロ」

「でもリラがお金を貯めて、この先、使わなかったら？」

「パパの10万円だけになるね」

「レムは、お金を使わなくていいの？」

「嫌。僕も使いたい」

人の欲は永遠です。手元にお金がないからといって、欲が消えるわけではありません。

なければないなりに策を考え、手元に用意すればいいことです。

そうすることで、新たに芽生えた欲は満たされ、経済に循環を起こすことができます。

その具体的な方法とは、信用を担保に持っている人から借りるというものです。


「お金を持ってないのに、どうやって使うの？」

「パパ10万円貸して」

「いいよ。そうなると、パパのお金がレムに移動することになるから、パパはゼロ、リラは20万円、レムは10万円になるよね」

「その10万円を使って、お買い物して」

「パパのお店で10万円使う」

「そうなると、またパパは10万円、リラは20万円、レムはゼロになるけど、パパに10万円借りてるから、マイナス10万円になるね」

「またパパから10万円借りるの？　次はリラから借りれば？」

「リラがお金を使わないからだよ。もお」

「リラちょっと来て」

「なに?」

「リラがお金を使わないから、僕が10万円の借金になったでしょ」

「なんのこと?」

「リラもお金使って」

「なんで、ヤダ」


このやり取りを見て気づいた人も多いかもしれませんが、本人は悪気があって貯金しているわけではありませんし、意図的に国に借金を追わせるつもりもありません。

それどころか、日本国民のほとんどは、まさか自分たちの行動がマイナスを作り出していることにすら気づけていないのです。

まさに、リラが口にした「何のこと?」状態と言えます。

だから、多くの人は、日本の借金に興味はありませんし、国が借金を抱えていることを知らない人もいるほどです。

このまま借金に背を向けても減っていくわけではありませんし、むしろ借金が足かせとなり、私たちの生活を圧迫する要因となることを考えると放置することもできません。

そこで、多くの人はお金を刷ることで帳尻を合わせることを考えるわけですが、そんなに簡単な問題ではありません。


「じゃパパ。リラはお金を使わないっていうから、お金を刷ったらどう？」

「それはダメだよ」

「なんで？」

「お金を増やすと、全体のお金の価値が下がるから増やせないんだ」

「どういうこと？」

「今は３人のお金を足したら、全部で30万円あるでしょ。それを10万円足して40万円にすると、お金の価値が下がるのわかる？」

「わからない」

「例えるなら、パソコンが10個あるとするでしょ。全体で30万円お金があるときはひとつ３万円で買えるよね。でも全体のお金が40万円になると、ひとつ４万円出さないと、買えないのわかる？」

「わかるよ。それがお金の価値が下がるってことか、嫌だね」

「だから、お金は簡単に刷れないんだ」

「それじゃリラが使うしかない。リラお金を使いなさい」

「なんでリラなの?」

「リラのところに20万円あるでしょ。リラが使わないから僕が借金する羽目になったんだから、使ってよ」

「わかったよ」


これはあくまで個人の話をベースに事例を置き換え話しましたが、企業が貯金に走れば、日本経済は一気に凍りつき世界に対抗することができなくなります。

これは、規模に関係なくビジネスを行っている者の役目です。

我々は、経済の中にあるひとつのパーツとして存在しています。

そのひとつが稼働を止めてしまえば、すべてに影響を与えます。

会社を作った以上、自分だけ貯めに走れば、腐食の根源を作ることになります。

自分を中心に経済は滞り、お金の循環がなされぬまま腐敗し、機能停止するまで周りに迷惑をかけることになります。

そんな会社が、社会を良くすることはできません。企業は地域の見本になる必要があります。

そこに働く人、商品、関わるものすべてが企業の一部となり見本になることで、会社は発展を遂げます。

そのベースとなる企業が貯金を行えば、そこに勤める社員が貯金するのは、いたしかたありません。

企業そのものの考えが先行投資に対し積極的になれば、会社は活性化し、物凄い速度で循環を始めることになります。

このことはレムにも伝え、貯金するのではなく、次の自分の発展に使うように言っています。

「お金は必要以上に貯めたらダメだよ。お金を増やす機会を捨てることになるからね。お金を使うことで、また新しいお金が入ってくる。この循環の考えを絶対に忘れないで」

「うん。わかった」

「そう言えばパパ。テスラの株を最初に100万円買った人は、12年で3億円を超えたんだって」

「それは凄いね」

「これからの時代、新しい視点を持った会社が、次々と出てくるから世界中をチェックしておくといいね」

「最近は、ロボットも面白いよ」

「どんな話?」

当然、レムは今回の取り組みでも、一円たりとも貯めようなどとは考えていませんでした。貯めれば税金を持っていかれるだけですし、貯める会社に関しては、国は強制的に循環を促してきます。

そうなればレムの未来に100%の可能性をかけることはできなくなりますので、今欲しいものすべてを紙に書き出し、稼ぐ前に、使い先を決めさせることにしました。

「今回、レムは何にお金を使う?」

「まずは寄付を行って、残ったお金で最新鋭のパソコンを自分で作りたい。でも全部揃えたら高いかな?」

「大丈夫だよ。全部のパーツが買えるように、ＲＥＭｓパックをたくさん売ればいいから」

「そうだね」


もちろん、この時の視点は、次にお金を生み出すものというのは、言うまでもありません。単なる欲を満たすものであれば、それは消費となり、次なる売り上げに繋げることはできなくなります。

消費ではなく投資に使うことで、経済は回ることを教える

お金を使うことは経済を回すことになります。起業家にとって、非常に大事な考えです。

だからといって、適当に使えばいいということではありません。

消費するものは徹底的にケチり、投資するものは大胆に使うことです。

私もサラリーマン出身なので、お金を使うのが決して上手なほうではありません。

どちらかというと、貯めて欲しいものを買ってきたタイプなので、何十年もお金を使うことに抵抗を感じていました。

しかし起業してからは、この考えを根底から変えない限り、ビジネスは大きくならないと先生から教えられ、意識的に使うようにしてきました。

すると面白いことに、お金を使えば使うほど、お金は舞い込み、速度を増していったのです。


例えば、広告費、掛けた広告の10倍が戻るのは当たり前ですし、ブームを意識すれば、30倍以上のリターンを得ることも可能となりました。

1000万円の広告費をかけて、3億円儲けるイメージです。

ここまでくれば、お金を使うのも怖くありませんし、むしろ使いたくて仕方ありません。

だからといって、最初からできていたのかといえば、そんなことはありません。

おっかなびっくり小額を使うのも、怖くてたまりませんでした。

私が一番初めに出した広告は、3万円です。ファックスを使ったDM形式のものです。

一通10円の単価で送ることができたので、３０００社に向けてセミナー収録したＤＶＤの案内を送付しました。

すると、そこから17社が反応し、４社の契約（総額１１０万円）を勝ち取ることができました。

最初の試みとしては、非常に良い成果を出せたと思っています。

売り上げ的には大きなものではありませんが、投資対効果で考えた場合、36倍のリターンです。

投資額を上げれば比例して売り上げが倍増するということはないにしろ、３万円を30万円にすることで、１０００万円超えも夢ではありません。

現に私は、30万円程度の広告を使い、１０００万円以上の売り上げを何度も作っているので、非現実的な話ではありません。

そこから、さらにスキルをつければ、１億円を狙うことも可能です。

ポイントは、**欲しい金額の最低10分の1は、投資にあてるということです。**

広告しかり、知識しかり、経験、実績、スキルすべてにおいて投資する観点を持つこと

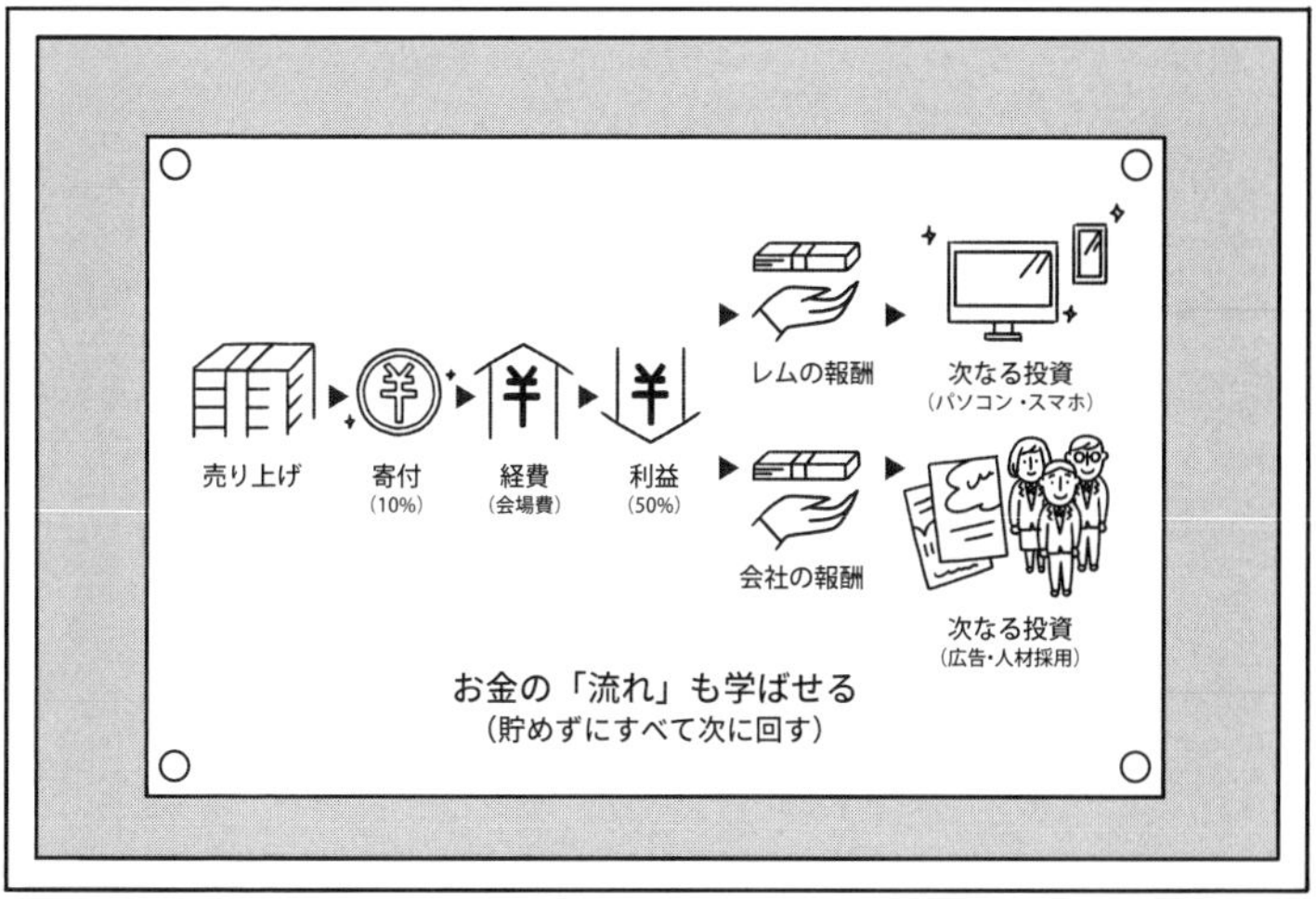

ができれば、お金を掛ければかけるほど、雪だるま式に増え続け、お金を使える自分に出会うことになります。

結局のところ、使ったお金以上のものは入ってきません。

高いものには、高い理由があります。情報の深さであったり、見解の幅であったり、安いものとは比べものになりません。

知識に対してお金を使うにしても、一回かけたから大丈夫と考えるのではなく、売り上げに応じた深みある知識を増やしていくことが大切です。

そうすることで、今までとは違ったレベルの高い顧客と出会うことも可能となりますし、単価を引き上げた次なる商品を作ることもできるようになります。

このことはレムにも伝え、今回の取り組み（ＲＥＭｓパック）で売り上げることができたら、容量が大きく、スピードの速い、世界一高性能な最高なパソコンを作ろうと約束しました。

そのことに対し、レムは異議を唱えることなく、商品作りを行う合間を縫って、自作パソコンのパーツを世界中から探し始めました。この時の光景は、今でも鮮明に目に焼き付き、どんなパソコンが完成するのか私も楽しみで仕方ありませんでした。

稼いだお金を次に回すことで、進化した新しい自分に出会えます。

今では私も、お金を使うことに躊躇することはなくなりましたし、お金を使うことに抵抗を感じていた当時を不思議に思うこともあります。しかし、お金の使い方次第で、見える世界はもちろん、どの常識を持つかで人生は変わります。強制的であれ変わる意思を持たないと進化を止めることになるので、お金を増やしたければ、お金を使う（消費ではなく投資）ということを忘れないことです。

それだけで、経済を回す一員となり、社会の循環を起こす担い手になることができます。

貢献（寄付）の後、残ったお金の使い道を模索する

今回、「REMsパック」の売り上げは、308万円となりましたが、最初に行ったのは、財団への寄付でした。合計で10％を超える金額346，545円の寄付を行いました。その内訳は、SFA：138，535円、GlobalGiving：138，535円、Coolearth：69，475円となります。

もちろん合宿費用などは参加費に含まれているので308万円のすべてが手元に残るわけではありません。

今回かかった経費は、合宿にかかる宿泊費などを含め20万円ほどあるので、利益は、300万円以下となります。

それでも売り上げの10％を寄付することには理由があります。

世界には、努力しても稼げない人がいるということです。

私たち日本人は、世界から見たらまだ恵まれています。

中間層の国といわれ、ストリートチルドレンもほぼいません。法の整備も整っていますし、医療や保険制度も万全です。

しかし発展途上国は違います。生まれながらにして努力できない人もいます。

生まれた瞬間から家がなく、病にかかっている子供たちが、世界には大勢いるのです。

そういった現状があることを知り、私は毎年、貧困国に寄付を行うようにしています。

大概そういう国は保険制度も整っていないので、薬を買うにもたくさんのお金を必要とします。手術ともなれば、財産を投げ打っても到底足りません。生活するのがやっとです。

その一方で、私たちは、毎日、不平不満はありながらも、普通の生活を送ることができています。

よほどのことがない限り、餓死することもありません。

病気にかかれば、当たり前のように病院へ行き、薬を処方してもらえます。薬を飲んで、寝ればたいていは回復できます。

しかし彼らは、その当たり前すら、手に入れることができないのです。

生まれた国が違うというだけで、努力や才能とは関係なく、辛い思いをしている人が大勢います。

このように考えると、恵まれた国に生まれた責務として、彼らたちの分も代わりに稼ぎ、寄付を通じて、最低ラインの生活を守ってあげる必要があります。

私の場合、起業家になったのも遅いですし、世界の実情を知ったのも随分後です。なので、寄付を行う考えは、まだ素人に毛の生えたレベルですが、レムやリラは違います。

誰かを救うという寄付の精神は、私より進んでいます。

二人の子供は小さな頃から海外に住み、カナダの考えを学校を通じて教え込まれているので、余裕ある人は全員、寄付をするという考えが根付いています。

以前、レムが遊びでＮＦＴ（偽造不可な所有証明書付きのデジタルデータ）を作成し、イラスト販売した際も同様に売り上げた25％を寄付していました。

この時は、６００カナダドル（約６万円）だったこともあり、寄付した利率も高く設定していましたが、レムが何よりも先に寄付する姿を見てビックリしたのを覚えています。

私の場合、寄付すると言っても年一回です。金額も曖昧で、気分で決めています。

しかしレムは、気分や感情に振り回されることなく、一定の基準のもと売り上げたら寄付を行うというのが売り上げを上げる過程で常識になっています。

今回、「ＲＥＭｓパック」に関しても、レムの想いを最優先に考え、経費など関係なく、売り上げの10％を寄付すると決めていました。

こういった考えを持つことができれば、私利私欲のためだけでなく、稼ぐ意欲にも火がつきます。

自分の頑張りで、世界の貧困に悩む子供たちの寿命を少しでも延ばしてあげることができたら、もっと彼らのために頑張らなくてはいけないと思うことができます。

ある意味、これは今回レムと一緒にビジネスを行うことで、私が教えられたことであり、もっと自分自身、稼いだお金を世界に寄付できる（貢献できる）視点と視座を持たなければいけないと思えた瞬間でもありました。

このようなことをすでに身につけているレムは非常に頼もしく、また頼れる存在であることは間違いありません。

祖母にお小遣いをあげたレム＆リラ

それ以外にも、レムの頼もしさを改めて実感したのは、滋賀に住む祖母に会いに行った時のことです。

すでに祖母は93歳となり施設暮らしなので、生活にこそ困りませんが、裕福ではありません。

しかし曾孫がカナダから戻ってくるとなると、お小遣いをあげ、喜ぶ顔を見たいと考えるものです。この時も余裕がない中、2人にお小遣いをあげようとお財布を出した瞬間、レムは間髪を入れず、

「おばあちゃん。僕ビジネスで稼いだから、お小遣いあげるよ」と言い出したのです。

すると、その光景を見たリラもすかさず「私もおばあちゃんに、お小遣いあげる」と

言い出し、1万円ずつそれぞれ祖母に渡すことにしました。

祖母は非常に喜び、今まで我慢していたものにお金を使ったといいます。

最近は、不景気のせいか、親の脛《すね》をかじる人が増えていますが、自分で稼ぐことができるようになれば、小学生でもお小遣いをあげることができるようになります。

このように考えると、早いうちから、お金の稼ぎ方を子供に教えていく視点も大事だということに気づくはずです。

仕事道具は妥協せず、最高のものを選ばせる

今回、レムは売り上げを使って、最新鋭のパソコンを買うことにしました。

しかも出来上がった完成品ではなく、すべてパーツごとに分けて、最新かつ高機能なものを各メーカーから取り寄せ、自作（手作りする）ことにしたのです。総額100万円超えです。

「12歳の小学生がそんな贅沢な」

このように意見する人も、なかにはいると思います。

しかし今回レムは、ビジネスを行い、自ら稼いだお金です。

そのお金をどう使おうが他人には関係ないことですし、そこで使ったお金が次の売り上げになれば、非常にいい投資となります。

元々は、10万円ほどのパソコンを使っていました。それが今回ビジネスを行うことで308万円の売り上げになったことを考えると、100万円のパソコンともなれば10倍の3000万円も夢ではありません。

この観点で考えれば、100万円のパソコンは決して高いものではありませんし、その分野のプロを目指すのであれば、もっと高くても良いぐらいです。

レムは世界と繋がっていますし、レムが活躍するステージは、国境を越え垣根がありません。

「レムは英語が使えるから、狭い日本ではなく、世界から情報を収集するといいね。そのほうが早いし、情報のレベルや深さが全然違うから」

「うん、そうだね。日本は遅れているから、世界で流行っているものを日本に持ち込むだけで売れるよ」

「そういえば海外で流行っているアプリが、まだ日本にはないから真似てアプリを作ろうかな」


このような視点をレムが持てるようになったのも、世界の思想を入れながら、ビジネスを教え始めたことにあります。

この構想は、私が起業した時に考えていたことです。

私が日本でTOPを取り、足場を固めることで、レムには世界で挑戦してほしいと考えていました。

だから、早い段階から海外に移住し、今もなお、海外の常識に触れさせています。

その間、私は曖昧な定義を持っても仕方ないので、ひとまず業界TOPを目指すことにしました。

結果、2019年、2020年、2021年と3年連続で1位をとり（プロモーションの売り上げ）、２０２２年も私を追い越す人は出ませんでした。

小さな業界での話なので、枠を広げれば、強者がゴロゴロいることを考えると、私も止まってはいられません。それでもレムが、こうして無事に起業家デビューを叶えることができたのは、私の中での感覚値が変わってきているからです。

起業当初は、自分が成功できるかどうかもわからぬ身でしたが、そこから先生にビジネスを学び、習得することで売り上げを作れるようにもなりましたし、弟子をビジネスパートナーに迎えることで一緒に大きな売り上げを作ることもできました。これにより自分の強みも見えてきましたし、自分が持っているリソースの使い方もわかるようになってきました。

そういった姿をレムは見ていたからこそ、ビジネスを一緒にやるということをすんなり受け入れてくれたのだと思います。そういった意味では、起業家の父が子供にしてあげる最高のギフトを贈ることができました。

これはサラリーマン家庭にはない、子供との絆の作り方です。起業家として次の世代に繋ぐ役目だと感じています。

こういった視点を持つことができるようになったのは、先生に色々な視点を交え教えてもらったことです。

30代の頃までは、安宿を渡り歩くバックパッカーでしたが、今では愛用する航空会社もひとつに決め、その会社の上級会員（ＡＮＡダイヤモンドメンバー）になることで、最高のサービスを受けています。

それ以外にも、グローバル展開しているハイアットグループの上級会員（グローバリスト）になることで、世界の基準を手にすることができました。

結果、私の思考は以前のものとは大きく変わりましたし、ゆとりや捉え方など、すべてが変わりました。

今では、同じハイアットに泊まるにしてもスイートルーム以外は、基本的に泊まることはありません。

一度、スイートが埋まっていて、クラブルーム（一般の部屋）に通された時は、息苦しさを感じました。

自慢のように聞こえるかもしれませんが、私の拠点は海外なので、日本での滞在地はホテルになります。

その住まいの代わりとなる場所が息苦しいものとなれば、ビジネスに影響しますし、売り上げにダイレクトに反映されると考えたら、狭く雑多なところには泊まれません。圧迫を受ける場所も避けたいところです。

これもビジネスを発展させるための投資となりますし、安いを理由に妥協してはいけない部分となります。

徹底した意識改革とマイナスを排除した環境構築が、自分と家族を守ってくれます。

それでも余ったお金の使い道は、未来株への投資に決めたレム

今回、レムは100万円を超える自走式のパソコンと最新型のスマホを次の投資として購入することを決めましたが、余ったお金の使い道に悩んでいました。

現金を持っていても使うこともないし、銀行に預けていてもいくらの利息にもならないことを考えると、貯金は最も非効率で何も生み出さないことを知りました。

だからといって、不要なものを買えば無駄となりますし、そんなお金の使い方をしていては、起業家としては失格です。

そこで効果的かつ希望あるものはないかと考えた結果、出てきた案は、**未来株への投資**でした。

ここでの考えは、儲けは二の次です。

レムが情報を追いかけたいと思える会社の株を所有することで、もっとビジネスに興味を持つようにもなりますし、自分が投資したお金があったからこそ発展したと捉えることで、レムにとって大きな刺激になると考えたからです。

しかも未来株は1000ドルからスタートできるものも多く、遊びで行うにはちょうどいい金額です。


この話は、私が言い出したわけではありません。レム自身の発案です。

「パパ知ってる？　この会社はロボット作ってるんだけど、新しい技術を開発し、そのロボットは人間みたいな動きができるんだって」

「10年も経たないうちに、株も今よりもっと上がると思うよ。この会社の株を買おうかな」

「レムがいいと思ったところを選ぶといいよ」

「まだ他の株も買えるお金もあるから、色々探して、ゆっくり決めればいいよ」

私は株を一切やりませんが、レムは気になる会社の動向を見ると同時に株の動きも常にチェックしています。

当時は、株を買うお金もありませんでしたし、そもそも自分が買えるとは思っていなかったようですが、お金の使い道を探すようになって、初めて気づけた視点だったようです。

「毎日、見ている株を買うことで、お金を増やすことはできないか？」

この株は将来、どうなるのかわかりません。しかし、それはどうでもいいことです。

レムが株を所有することで、その会社のことを気にかけ、活動を追うことのほうがよほど価値があります。

特に、レムの世代の子供たちは、アナログで育った中間世代とは違い、感覚も見ている世界もかけ離れています。そんな彼らが描く世界を、株を通じて共有できると考えただけでもワクワクします。

それに次世代の子供たちが、大人になった頃、どのような世界になっているのかも気になりますし、レムが12歳の頃に買った株が、どの程度変化しているかも興味があります。30年後、会社によっては、100倍になるなんてものがひとつでもあったら、それこそ大きな資産を気づかぬうちに手にすることだって可能なのです。

ビジネスも株も、時間には敵いません。

時間を使うことで、リスクを減らしながら、知識、経験、スキルをグッと伸ばしてくれます。

私の場合、ビジネスを始めたのは36歳の頃で、他の起業家に比べたら遅いスタートでした。

しかし、レムは12歳でビジネスの世界の扉を開き、22万円という単価の商品を販売することができました。

多くの人は、ビジネスを始めることはできても、安い商品しか売ることができません。

高くても1万円、2万円のものばかりです。

その低額を積み上げたところで、いくらの売り上げにもならないことを考えると、単価を上げていく工程は、必須となります。

だからといって、どうすれば単価を上げられるのか？　単価を上げたところで売り方がわからなければ、堂々巡りとなるだけで、前に進むことはできません。

レムは今回の夏休みで、色々なことを経験し、他では得ることのできない思い出と売り上げを作ることができました。何よりもかけがえのない時間となりました。


本書のタイトルを見て、金額が大きかったので、疑った人も多いかと思いますが、やり方次第では、小学生でも数百万円という売り上げを作ることができます。人生を変える転機を迎えることも可能です。

しかも、親子でビジネスを行うことができれば、この上ない幸せを感じることができます。

子供と過ごす時間は、一瞬です。

子供は、気がつけば大きくなり、独自の世界を歩んでいきます。

しかし、小さな頃であれば、色々なことを一緒に行い、沢山の思い出を作ることができます。子供と一緒にできることは、いっぱいあるのです。

子供には大きな可能性だけでなく、たっぷり時間が用意されています。

その可能性と時間は親御さんの見るべき視点の高さで、花を咲かせることができます。

早く始めれば、その分、早く成功することができます。

人によっては、日本だけでなく、世界を相手に成功を手にすることもできます。

「早く始めた分、失敗したくない」という意見もあると思います。

しかし大人だから失敗しないということはありませんし、遅く始めれば成功確率が上がることもありません。

失敗したくなければ、**見本を持つ**ことです。

この書籍でもいいですし、自分に合う先生をつけるのもありです。

そうすることで失敗を極限に減らし、最短最速で望む成功を手にすることができます。

子供の未来は、親がどのような考えと視点を持つかで大きく変わります。

それに成功の大きさは、親が子供に見せる基準値が大きく影響を与えることを知れば、今のうちに、親でもある我々がもっとやらないといけないこともわかるはずです。

野球であれ、サッカーであれ、子供が世界を目指すようになったのは、ケーブルテレビ（有線放送）が世界に繋がったことが影響を与えているといいます。

映像の段階で、これだけ影響を与えているとしたら、今後は、親が見本となり背中を見せることで、その効果は何倍にも跳ね上がり、計り知れないものとなります。

起業家マインドの育て方

- 親子であっても、報酬は利益折半を常識にする
- お金は貯めるのではなく、循環させるのが起業家の役目だと教える
- お金を消費ではなく、投資に使うことで経済は回ると認識させる
- 私利私欲を満たす前に、寄付をする考えを身につけさせる
- 稼いだら、最高の道具を揃える
- 残ったお金も貯めずに、未来への投資に回す

終わりに

今回レムは、12歳で起業家デビューを叶えました。

次は、リラの番です。

我が家では、小さな頃から2人を起業家に育てるために、色々なことを考えてきました。

この物語が始まったのは、私がサラリーマンの時です。

挽回できない日々に苛立ちと違和感を持ち、打開策を考えるようになっていました。

何事も中途半端にしてはいけないと考えた私は、ひとつの決断をしました。

決断というと、何かを始めると誤解する人がいますが、読んで字のごとく「断」つものを「決」めるのが最初です。そこを決めない限り、新しい何かを手にすることはできません。

そこで、まず初めに私が行った決断は、**会社を辞めること**でした。

入社した日から起算して、ピッタリ10年で退職届を出すことにしたのです。

理由は、自分が起業家になることで、選択肢を子供たちに用意したいと考えたからです。

サラリーマン人生と起業家人生の2つです。

しかし実際に始めてみると、起業家の人生のほうが面白く、サラリーマンとは比べものになりませんでした。

それに起業家のほうが子供たちにも合っていましたし、叶えてあげたい未来だと考えるようになりました。


私も妻も学校の成績がいいほうではありません。暗記も苦手ですし、テストの点数もいいほうではありませんでした。むしろダメなほうです。

大学にも行けないほどの点数だったので、学校にも就職にも希望を持つことはできませんでした。

今の社会は、サラリーマンを育成するために、学校教育が設計されています。

国の方針で制度は作られるので、やり方に順応できない生徒が排除されるのは仕方のないことです。

しかし、挽回できない生徒にとって、6歳から18歳までの12年間は、苦痛以外の何ものでもありません。

義務教育を終えた後もパッとしない大学に進めば、さらに4年もの歳月を無駄に加算することになります。

これでは、自己評価も低くなりますし、周りの期待も徐々に減っていきます。

会社に就職したからといって、いきなり眠っていた能力が開花することはありません。

就職というひとつのゴールを目指すために学校教育は存在しているため、初めにコケてしまうと、ずっと転んだままの人生が今の日本となります。

一方、海外は違います。西欧諸国は日本より何十年も進んでいる国も多く、社会における構図も違いますし、学校教育に対する考え方も異なります。

テストが満点だからといって、合格することはありませんし、テスト自体を廃止する学校も増えています。

ＩＴがベースにある世の中では、暗記など一円の価値にもならず、マイナスだと考える学校もあるほどです。

暗記は思考を奪い、洗脳するには有効な手段かもしれません。

しかし暗記すればするほど、本人が生まれ持った性格や性質が、どんどん消し去られてしまいます。

生まれた時は真っ白だったはずのオセロも、暗記を繰り返すたびに黒の数は増えていき、満点を取る頃には、（白のオセロはひとつもなくなり）他人が染めた真っ黒の世界が当たり前となります。

そんな状態で、今からＩＴの使い方を学びなさいと言われても手遅れです。

コンピューターの代わりとして育てられてきたのに、時代が変わったからといって、そのコンピューターを使えと言われてもできるはずもありません。


そのことに気づいた国々は、早い段階で教育方針をシフトすることにしましたが、未だ日本は旧来のやり方に固執し変わる気配すらありません。バブルが弾け30年以上が経ち、今や「経済大国日本」の異名は過去の産物となりました。

だからといって、今までのやり方を否定し、舵を切るのは、簡単なことではありません。

人々の生活を「裏切る」ことになるからです。

進学校に入学できれば、いいところに就職ができ、終身雇用によって、将来安泰が約束される。

そのあとも退職金と共に、優雅で楽しいシニアライフが待っている。今までの成功法則と呼ばれたものです。

しかし、この数十年の間にバブルの再来はなく、未だ不景気が続く中、「安定」という二文字は、どんどん削がれる一方です。

・終身雇用の撤回
・退職金の廃止
・年金制度の先延ばしおよび減額

こんな状態で希望を持てる人はいませんし、当てにする人はいなくなります。

そんな状態の中、未だお受験といっている人を見ると、よほど深い洗脳にかかっているか、何も考えていないのでは？　と思います。

今やはしごが外された状態です。あるはずのお宝（退職金）がすでになくなっているにも拘らず、鬼退治に行くようなものです。そんなところに大事な子供を向かわせる親はいません。

そのことに気づいた私は、早々にサラリーマンというレールを降りることにしました。誰かの助けや伝手《つて》があったわけではないので、会社を辞めることは私にとって物凄く怖い決断でしたが、私の世代で先に行っておかないと子供たちに、その恐怖を手渡すことになってしまいます。

この部分は、起業したいけど、踏み出せていない人が見過ごしてしまうところです。しかし、親が会社を辞めることや起業することを先に済ませておけば、子供たちは恐怖を感じることはなく当たり前に捉えることができます。それだけでも、親の責務を果たすことになります。

今後の未来は、間違いなく独立する人が増えていきます。

根拠なく言っているわけではなく、25年先をゆくアメリカがすでに経験しています。今のアメリカを見ると、独立している人も多くサラリーマンが少ないように感じますが、ひと昔までは、アメリカもサラリーマン国家と呼ばれていました。

しかし、そこから時代の変化もあったことで、出来高性の導入であったり、個人主義という言葉が一般化しましたが、最初からではありません。

今の日本だけを見ると、信じることができない人も多いかもしれませんが、時代はタイムラインです。西欧諸国で起きたことは（多少のズレがあっても）必ず日本でも起きます。

その時代の変化を受けて対応するのか？　それとも先に準備するかは、個々の判断となります。ちなみに我が家では、その変化を先に受け入れ、起業を行うことを決めました。今から、ちょうど10年前のことです。

この決断が早かったのか遅かったのかはわかりませんが、ひとつ良かったことは、子供たちが幼少期の頃に独立を決め、一歩を踏み出せたことです。

このことにより、子供の常識を起業家のライフスタイルで構築することもできましたし、子供の未来に大きな影響を与えることもできました。

そのことを今回の「ＲＥＭｓパック」を通じてより実感しましたし、リラに引き継ぐこともできます。

リラが12歳になるまで、あと数年ありますが、その間に、たくさんの経験をさせ、いい形で「ＬＡＩＬＡｓパック」をリリースしてあげれたらと考えています。

その練習は、すでに行われ、私のアシスタントを2人連れ、リラは商品作りを見様見真似で始めています。

今は遊びの範疇ですし、販売できるレベルにはありません。それでも起業家デビューを意識しての遊びと、意識していない遊びとでは、与える影響が変わってきます。

そういった意味では、今から起業家の環境を用意してあげられることは親として非常に喜ばしいことですし、ゆっくり時間をかけ丁寧に起業家になるための道のりを一緒に歩んで行こうと思います。

大好きなレムとリラへ

2人と一緒にビジネスを行うのがパパの夢でもあったので、こんなに早く叶うとは思ってもいなかった。

本当にありがとう。

寂しい思いをさせることもあったし、他とは違う生き方なので、理解できないことも多いかもしれないけど、最高の夏休みを一緒に過ごせて良かった。

パパの会社名は、REMSLILA。レム（REM）とリラ（LILA）がいてくれるからこそ、続けていくことができるよ。

これからはパパだけでなく、一緒に商品を作り、顧客に喜ばれる企画をたくさん作っていこう。

次は、リラの番だよ。「ＬＩＬＡｓパック」みんな楽しみだって。いい企画を考え、必ず成功させよう。

その時レムは、全体統括でリラを支えてあげてね。頼りにしてるよ。お兄ちゃん。

この場を借りて、今回、「ＲＥＭｓパック」に参加していただいた方へ

レムがこうして起業家デビューを果たすことができたのは、皆さんの応援と協力があってのことです。

私のわがままを快く受け入れていただき、本当にありがとうございます。

レムもリラもこの経験を通じて、非常に楽しい思い出を作ることができましたし、短期間で進化、成長することができました。そのきっかけを頂けたこと感謝しています。

今後も邁進《まいしん》し、世界で通用する起業家になれるよう家族ともども頑張っていきます。
次は、リラを起業家デビューさせます。
数年後になりますが、「待って良かった」と思える企画を必ず用意します。
楽しみにしていてください。

編集協力●遠藤励子
デザイン●井上新八
イラスト●森 海里
ＤＴＰ●キャップス
校 正●みね工房

■著者略歴

船ヶ山哲（ふながやま・てつ）

心理を活用したマーケティングを得意とし、人脈なし、コネなし、実績なしの状態から、起業後、これまで世界に1000社以上のクライアントを獲得。そのクライアントは、上場企業から町の小さな商店まで幅広く、北は北海道から南は沖縄まで、さらに遠くはギリシャやコロンビアまでサポートをおこなう。プライベートでは、子供の教育を最優先に考え、カナダに在住。その卓越したマーケティング手法は、数々の雑誌やメディアに取り上げられる。テレビ神奈川、FM ヨコハマのメインパーソナリティーをつとめるほか、フォーブス、ニューズウィークなど経済誌に掲載。著書多数。

〈合宿当日〉最寄り駅にて

「REMs パック」チーム（家族写真）

夏休みの１週間で308万円稼いだ小学生
ビジネスマインドの育て方

第１刷　　2023年６月30日

著　者　　船ヶ山哲
発行者　　小宮英行
発行所　　株式会社徳間書店
〒141-8202　東京都品川区上大崎3-1-1
目黒セントラルスクエア
電話 編集(03)5403-4344／販売(049)293-5521
振替 00140-0-44392
印刷・製本　大日本印刷株式会社

ISBN978-4-19-865655-3